政治清明促生态文明

风清气正护山清水秀

《勤廉话况钟》编委会

顾　问	曾　海　黄为民
主　任	李铁刚
副主任	付晓露
委　员	钱　鹰　付永峰　舒　龙　胡超超
编写组	吴夏明　陈德华　赵敬丹　凌　云　刘新宇
撰　稿	陈德华
图片编辑	刘新宇

勤廉话况钟

《勤廉话况钟》编委会　编

江西人民出版社
Jiangxi People's Publishing House
全国百佳出版社

序

  况钟是从靖安走出去的明代清官，曾三任苏州知府，任职长达十三年。他在任上除奸革弊、为民办事、政绩斐然。他严于律己、清正廉明，深受苏州百姓爱戴，在当地留下了"三离三留"的佳话。苏州沧浪亭五百贤祠像赞："法行民乐，任留秩迁。青天之誉，公无愧焉。"

  作为封建社会的一名官员，况钟从走上仕途起，终其一生为大明王朝服务，却赢得了百姓的永久赞誉，成为极少数为后世所铭记的"青天"。这在于他"比较接近人民，了解人民的痛苦，比较正直，有远见"，在于他"刚正廉洁，孜孜爱民"（《明史·况钟传》）。

  他不仅是官员群体中廉洁自律的典范，更是敢于攻坚克难的实干家和改革家。在中国历史上，有名的清官历朝历代不乏其人，但既以政绩彪炳，又以廉洁著称的并不多见。他的勤廉

---

① 钟：况钟的名字，按原有的繁体字叫况锺。锺是上古的一种礼制乐器。《辞源》中锺可视作"乐器"解，作乐器理解时，可与"鐘"通用，实行简化字以后，约定成俗，"锺、鐘、钟"都简化为钟，现代一般称况钟。

兼具皆优，已成为一种文化的符号。他不仅是后世学习借鉴的楷模，也成为当下领导干部掌权理政、勤政务实的一面镜子，为靖安人民留下了宝贵的精神财富，是家乡人民涵养正气、处世持家的不竭精神源泉。

况钟的勤廉文化，其要义主要体现在以下几个方面：

一、**勤勉好学、习知理义的孜孜追求**。况钟是一个善于学习的人。他幼时在父亲的督导下，苦学经义，受知县俞益赏识，进入靖安县衙，勤勉刻苦，成为知县的得力助手，被推荐为仪制司主事，又熟读熟记繁琐严格的典章制度，"动合章程"，"举无遗失"。在书本的学习之外，他更是虚心向社会这本大书学习，向品德高尚的人学习修身养德，向学问深厚的人学习文章练达，向治行高超的人学习理政能力。他始终在一线的实践风浪中磨砺自身，内省深悟，提高履职尽责的本领，把义理与实践有效地结合起来，成就了他的吏志传奇。

二、**忠于职守、勤于政事的责任担当**。况钟为政，注重调查研究。昆曲《十五贯》形象地刻画出况钟深入实践、一线调查、实事求是的工作作风。况钟是反对官僚主义、主观主义的生动教材，历史文献中有不少反映他深入民间、访求民隐的现实记录。现存他所有的奏章中，没有假大空的文风，处处体现问题导向，从提出问题到解决问题，言简意赅。他办事雷厉风行，在查办舞文弄法的官吏时，态度坚决，嫉恶如仇，不拖泥带水；在处理军籍冤案中，八个月审案一千五百多起，"民瘼辄见之施行，略无迟缓"。他注重斗争策略，在减赋问题上，他顶着"变乱成法"的罪名，四上奏章，依据事实反映问题，坚持自己的改革方向，体现了他的担当作为的精神。但他并不是蛮干，而是极力争取内阁大学士等重量级人物的支持，并依靠他们从中斡旋。对待苏州大地主等豪门势力，他也一改以往一律打压的态度，而是采取既斗争也争取的策略，使自己的施政得以顺利进行。他强调轻重缓急，善于分清主次。在面对繁杂政务时，他章法有序、繁而不乱，"综理周密而不疏，施行甚易而不烦"。

三、体恤百姓、为民纾困的人本情怀。况钟有一颗孜孜爱民之心。任上，他开办学校、兴修水利、筹办济农仓等，为当地百姓做了大量的实事、好事，终明一代，无出其右。特别是在为百姓减轻经济负担、免除苛捐杂税等隐性负担上做了大量卓有成效的工作，改革了一系列不合理的规章制度，有效地促进了当地的经济发展，激发了生产活力。况钟的历史性贡献，为苏州成为明代经济繁荣富庶的领头雁打下了坚实的基础。正因为他以民心为己心，把百姓的利益关切放在十分重要的位置，才赢得了苏州百姓的无上口碑。六百年来，苏州百姓对况钟盛唱不衰。

四、处事刚正、律己清严的工作作风。况钟坚持原则底线，敢于弹劾不法官吏，与同事相处，无论职位多高，他均以清正示人，从不卑躬屈膝。在地方管理上，他颁布谕告，以制度约束各级官员，带动地方风气的淳和，使尚讼斗利的苏州民风有了极大的改善。况钟个人为官勤廉，三餐饭菜仅一荤一素，身居简室，没有铺设任何奢华之物。官员、朋友、亲戚往来，青灯夜话而已。他病逝后，随运之物仅书籍和日用器物。他实现了自己所承诺的"清风两袖去朝天，不带江南一寸绵"的誓言，在历史上树立了廉洁自律的榜样。前人谓之："刚正之气，卓特之才，洁清之操。"

况钟用一生诠释了勤于政事、忠于职守、公正廉明、为民请命的高尚品质，树立了历史上"况青天"的不朽形象。

编辑《勤廉话况钟》，就是通过展现况钟勤廉的一生，展现他"尽忠抚民、植善安民、廉政得民"的为民情怀，以具体生动

的事例呈现出一个血肉丰满的况钟形象。这不仅可以让我们的党员干部追迹先贤，学有所思、学有所用，更可以促使党员干部成为弘扬况钟勤廉文化、传播况钟勤廉文化的使者，为推进"双一流"靖安建设提供切实的精神保障。

当然，我们在学习弘扬况钟勤廉文化的过程中，也不能无限拔高况钟。况钟作为历史人物，他具有那个时代所特有的历史局限性，他身上表现出的封建意识、迷信思想、唯心主义观念，我们也要一分为二对待。弘扬历史文化一定要去劣存优，去粗取精，继承和发扬符合时代主旋律的文化和意识，才能推动我们的事业不断向前发展。

　　编辑《勤廉话况钟》，是中共靖安县委弘扬况钟勤廉文化，推动一流政治生态建设的一项重大举措，是打造靖安况钟勤廉文化品牌的重要内容之一，站在靖安高质量发展的新起点上，弘扬况钟勤廉文化是靖安历史之责，更是时代所需。党员干部唯有见贤思齐，用中华优秀传统文化涵养勤廉，用新时代中国特色社会主义建设的生动实践践行勤廉，强化宗旨意识，恪守立党为公、执政为民理念，把人民对美好生活的向往作为奋斗目标，才能为推动靖安的高质量发展作出更大贡献。

2023 年 1 月 16 日

鸟瞰靖安县城，群山环抱，绿水缠绕，生态宜人。（摄影：王陆峰）

（右页）况钟像

况钟诞辰六百年时，江西省靖安县人民政府树铜像
于靖安森林公园，后改名为况钟园林。2015 年又在铜像
旁再建况钟纪念馆

目　录

况钟传（明史）

况钟，字伯律，靖安人。初以吏事尚书吕震，奇其才，荐授仪制司主事。迁郎中。

宣德五年，帝以郡守多不称职，会苏州等九府缺，皆雄剧地，命部、院臣举其属之廉能者补之。钟用尚书蹇义、胡濙等荐，擢知苏州，赐敕以遣之。

苏州赋役繁重，豪猾舞文为奸利，最号难治。钟乘传至府。初视事，群吏环立请判牒。钟佯不省，左右顾问，惟吏所欲行止。吏大喜，谓太守暗，易欺。越三日，召诘之曰："前某事宜行，若止我；某事宜止，若强我行；若辈舞文久，罪当死。"立捶杀数人，尽斥属僚之贪虐庸懦者。一府大震，皆奉法。钟乃蠲烦苛，立条教，事不便民者，立上书言之。

清军御史李立勾军暴，同知张徽承风指，动以酷刑抑配平人。钟疏免百六十人，役止终本身者千二百四十人。属县逋赋四年，凡七百六十余万石。钟请量折以钞，为部议所格，然自是颇蠲减。又言："近奉诏募人佃官民荒田，官田准民田起科，无人种者除赋额。昆山诸县民以死徙从军除籍者，凡三万三千四百余户，所遗官田二千九百八十余顷，应减税十四万九千余石。其他官田没海者，赋额犹存，宜皆如诏书从事。臣所领七县，秋粮二百七十七万九千石有奇。其中民粮止十五万三千余石，而官粮乃至二百六十二万五千余石，有亩征至三石者，轻重不均如此。洪、永间，令出马役于北方诸驿，前后四百余匹，期三岁遣还，今已三十余岁矣。马死则补，未有休时。工部征三梭阔布八百匹，浙江十一府止百匹，而苏州乃至七百，乞敕所司处置。"帝悉报许。

当是时，屡诏减苏、松重赋。钟与巡抚周忱悉心计画，奏免七十余万石。凡忱所行善政，钟皆协力成之。所积济农仓粟岁数十万石，振荒之外，以代民间杂办及逋租。其为政，纤悉周密。尝置二簿识民善恶，以行劝惩。又置通关勘合簿，防出纳奸伪。置纲运簿，防运夫侵盗。置馆夫簿，防非理需求。兴利除害，不遗余力。锄豪强，植良善，民奉之若神。

先是，中使织造采办及购花木禽鸟者踵至。郡佐以下，动遭笞缚。而卫所将卒，时凌虐小民。钟在，敛迹不敢肆。虽上官及他省吏过其地者，咸心惮之。

钟虽起刀笔，然重学校，礼文儒，单门寒士多见振赡。有邹亮者，献诗于钟。钟欲荐之，或为匿名书毁亮。钟曰："是欲我速成亮名耳。"立奏之朝。召授吏、刑二部司务。迁御史。

初，钟为吏时，吴江平思忠亦以吏起家，为吏部司务，遇钟有恩。至是钟数延见，执礼甚恭，且令二子给侍，曰："非无仆隶，欲籍是报公耳。"思忠家素贫，未尝缘故谊有所干。人两贤之。

钟尝丁母忧，郡民诣阙乞留。诏起复。正统六年，秩满当迁，部民二万余人，走诉巡按御史张文昌，乞再任。诏进正三品俸，仍视府事。明年十二月卒于官。吏民聚哭，为立祠。

钟刚正廉洁，孜孜爱民，前后守苏者莫能及。钟之后李从智、朱胜相继知苏州，咸奉敕从事，然敕书委寄不如钟矣。

况钟故居

况钟故居位于江西省靖安县高湖镇西头村，2022年在原况钟老宅的旧址上重建，是靖安生态与廉政文化相结合的又一张亮丽名片

况钟的时代足迹

　　公元 1383 年，历史进入了大明王朝的洪武十六年。这一年的阴历八月初六，在江西南昌府所属的靖安县富仁都龙冈所在地，即今天的高湖镇西头村，有一户姓黄的农户生下了一名男孩。由于是家族第一次添丁，全家非常高兴，于是给他取名为钟。钟为古时举行盛大仪式所用的一种乐器，寓意小黄钟长大后能成大材，为人世间奏出黄钟大吕之音，做出不凡的业绩。在他四十八岁前，他一直称黄钟。

　　随着朱元璋陆续收复边疆地区，统一全国，人心思定。朱元璋将主要精力致力于缓和社会矛盾和民族矛盾，出台了一系列恢复和促进生产发展的政策措施，社会进入相对安定期间。在历史大趋势下，社会的重心已经转到经济与社会的发展上来。各地虽然也还有零星的农民起义及边境的不安定因素，如残元势力的骚扰，但国家整体上仍保持了较为稳定的局面。江西也同全国其他地区一样，自 1363 年朱元璋与陈友谅的鄱阳湖大战后，几十年间再也没有发生大的战争。江西不断接收吸纳北方战乱所流入的大量人口，转化、学习他们带来的先进的生产力和农作方式，而中原文化与吴楚文化也在这相互交融。当时的江西不仅在经济上进入了全国第一梯队，文化上更因承接两宋遗风，又是理学的发源地，从而形成了较为成熟又独具特色的江右文化。文章节义之风培养和造就了一大批政治文化上的杰出人物，明代第一个状元吴宗伯就是江西抚州人。从被朱元璋喻为"义则君臣，恩犹父子"的解缙到洪熙至正统三朝任内阁首辅的杨士奇①，"翰林多吉水，朝士半江西"，江西人才辈出，"俊采星驰"，进入政治文化最鼎盛的时期。

黄钟②（以下皆称况钟）在永乐十二年（1414）阴历九月受知县俞益推荐到北京，来到了户部尚书吕震的门下。此时，况钟三十二岁，从朱元璋开始的"三途并用"的人才选举制度正大行其道。所谓的"三途并用"是通过科举选拔一批人才；通过各级官员推荐一批人才，即使没有功名的读书人，也可以推荐出来任职；再就是在吏员以下最底层的勤杂人员，只要推荐人认为有能力，也可以被举荐提拔进入官员队伍。这项制度在当时为补充、完善科举制度起到了很大作用，一大批当时有名的人物，如洪武时的滕懋德，永乐时的杨士奇、徐晞、吴复等，都是由荐举走上了重要的官员岗位。他们充分发挥他们的聪明才智，为大明王朝的稳定和发展作出了不可磨灭的贡献。只是这项好制度，在景泰以后逐渐被玩坏了，不得不废止。

由于在吕震手下工作非常出色，第二年，吕震专门向朱棣推荐了况钟。朱棣随后在行宫召见了况钟，任命其为礼部仪制清吏司六品主事。这被认为是一次出人意料的任命。朱棣爱才，但他很讨厌书吏，他曾说："若刀笔吏，知利不知义，知刻薄不知大体，用之任风纪，使人轻视朝廷。"朱棣把书吏列为小人一类，目之为败坏风气法纪的源头，而况钟正是书吏出身，可不知什么原因，朱棣召见况钟后，把自己说的话忘了。最可能的原因是吕震举荐的

---

① 杨士奇：江西泰和人，明仁宣及正统年间朝廷重臣，政治家，学行皆为人推崇；入内阁二十多年，是当时著名的内阁"三杨"当中的"西杨"。任上培养和推荐了于谦、柴车、周忱、况钟等一批人才。
② 黄钟父亲本姓况，六岁时被黄姓人家收为义子，改姓黄。宣德四年（1429）黄钟遵父遗言，上表复祖姓，正式改名为况钟。

力度非常大，以及况钟在应对上非常得体，加上况钟俊朗高大的身材与朱棣心目中胥吏那猥琐尖刻的形象反差太大，让朱棣很满意，"天子伟之"（《赠伯律主事被选扈驾北巡序》）。跃龙门式的提拔是况钟实现人生价值的一次重大机遇，使他有机会真正进入当时的官僚阶层，感受并参与当时的风云际会。这一年发生了两件大事，当年正月初二，朱棣敕谕朝贺百官廉谨爱民并榜示午门之外："夫为官之人，以忠勤廉谨为本，以公正仁恕为先。忠则不欺君，勤则不怠慢，廉则不贪贿，谨则不肆意妄为。公则不为私侵，正则不偏邪，仁则不暴狠，恕则不害民。不要以为百姓愚蠢，其心实明。不要以为朝廷可欺，有天在上明鉴。不遵朕言，罪而不赦。"再就是江西大才子、主编《永乐大典》的解缙因参与皇家私事等各种原因被关押几年后遇害。这两件事标志着朱棣对官员队伍的忠诚及自身建设的要求提高到了一个新的高度，在边疆日趋稳固的情况下，社会治理的重点已完全转向为内。

总的来说，朱棣雄才大略、励精图治。他拓边安疆，发展经济，提倡文教，始终贯彻其"为治之道，宽猛适中"的治国思想，使得天下大治，并且宣扬国威，大力开拓海外交流，是历史上一名非常有作为的皇帝。他幼年时就接受过正统的儒家经典教育，即位以后，逐步形成了自己的一套治理理念，他曾撰写过一部《圣学心法》，从儒家治理天下的角度总结和概括治理心得。在《圣学心法序》中，朱棣对"勤"的认识是："德以服人，宜莫如勤。能勤其力，可以有功。大要在于勉强（努力）而已，诚知荒宁（享乐）懈惰之可以为惧（不安），则于观逸游田（玩物丧志）之事自无矣。是故勤则不懈，不懈则身修家齐国治而天下平。"他组织编写了《永乐大典》等大型书籍，形成了有特色的文官选任制度和科举制度。可以说，除了武治外，他在文治上也可圈可点。

永乐二十一年（1423），况钟因九载考满，表现优异，三十多次受到永乐大帝的嘉奖，被破格提拔为礼部仪制司四品郎中。

到了洪熙和宣德年间,明朝已是太平盛世。洪熙皇帝朱高炽在位仅十个月,不仅平复了朱棣造成的社会创伤,尽最大可能减轻百姓负担,且一改永乐时国力的超负荷状态和不正常的政治风气,极力矫正洪武、永乐时期的严酷苛急之病,奉行温和平易的治政手法,可惜他在位时间太短。其最大的功绩是为宣德选配了一支优秀的国家治理团队,释放了在大牢中关押的夏元吉,重用蹇义、杨溥①、金幼孜②等当时优秀的治国人才,为后期形成以"三杨"为中心的内阁治理架构打下了人才基础。

　　宣宗朱瞻基二十六岁即位,是一位崇尚儒家治世的皇帝。由于朱高炽去世突然,又有其叔叔朱高煦觊觎大位,彼时,朱瞻基尚在南京监国,况钟主动请缨,组织和参与了安全迎接朱瞻基回京即位的工作,他细心、周到、勤勉,也就是这次危机重重的千里即位之旅让朱瞻基认识了况钟并留下深刻印象,给予了他"识达大体"的高度肯定。

　　朱瞻基是明朝第五任皇帝。谈迁的《国榷》评价其"睿质天纵,文翰并美,而不矜其能",张廷玉的《明史》谓之"即位以后,吏称其职,政得其平,纲纪修明,仓庾充羡,闾阎乐业。岁不能灾。盖明兴至是历年六十,民气渐舒,蒸然有治平之象矣"。他在统治期间,体恤民情,实行与民休息的政策,"坐皇宫九重,思田里三农",关心农业生产,关注农民生活,推行洪武朝以来招人垦荒的政策,发展农业生产,百姓基本上实现了安居乐业,经济上也得到不错的发展。他在政治上完成了削藩。针对日益严重的腐败问题,他改革了监察制度,任命了清正廉洁的顾佐为最高监察官,提升了监察权,扩大了监察面。为强化中央集权,他尝试建立和完善督抚制度,将巡抚制逐渐演变成

① 杨溥:湖北石首人,明仁、宣及英宗年间朝廷重臣,政治家,品德高尚,是当时著名的"三杨"当中的"南杨"。
② 金幼孜:江西新淦人,今属峡江县,明建文二年进士,曾随朱棣北征多年,深得信任,著有《北征前录》和《北征后录》,洪熙元年授礼部尚书兼大学士。史称其"简易静默,宽裕有容,眷誉虽隆,而自处益谦"。

后来称之为"总督"的管理方式，周忱①就是在那个时候被任命为江南巡抚。作为守成之君，由于他善于倾听大臣的合理建议，注重选用人才，不务虚名，较为务实，开创了继文景之治、贞观之治、开元盛世之后的著名的"仁宣之治"良好局面。

历史上所谓的盛世繁荣即使表面上再光鲜，也是磕磕绊绊的踟蹰之行，并不能掩盖内在的矛盾积累和社会危机。进入宣德年，很多皇亲贵戚和地主官僚利用自身的地位优势，不断进行着土地兼并，向社会最底层转嫁社会负担。加上大量中下层官员的腐败贪污，徇私舞弊，"虐取苛求，无有限量"，失地农民大量增加，全国多个地方已处于极不稳定的状态，民怨积聚。宣宗也看到了这种情况，他说："郡守悉由资格，多不称任，甚至有贪黩暴刻者。"宣德五年（1430），况钟与其他八人被选任到地方担任知府，其中兵部郎中赵豫任松江府知府，工部郎中莫愚任常州府知府，户部郎中罗以礼任西安府知府，刑部员外郎陈本深任吉安府知府，户部员外郎邵旻任武昌府知府，刑部员外郎马仪任杭州府知府，御史何文渊任温州府知府，御史陈鼎任建昌府知府。这九人都在各自的岗位上做出了相当出色的政绩，在当地留下了良好的口碑。

此次任命不但为况钟搭建了抵达历史高光时刻的平台，是其人生的一次重要转折，也是一次较为特殊的任命。九人都得到了宣宗皇帝亲自颁给的敕谕。以前极少出现类似的情况，说明当时全国各地的治理情况并不乐观，各方面治理都存在很大的问题，需要采取不同以往的手段加以解决。由中央选人持敕空降就是不得已而为之。宣宗给况钟的圣旨是这样写的：

国家之政，首在安民。安民之方，先择守令。朕临御以来，孜孜夙夜，以安民为心。而比岁田里之民，鲜得其所，究其所自，盖守令匪人。或恣肆贪刻，剥削无厌；或阘冗庸懦，坐视民患，相为蒙蔽，默不以闻。致下情不得上通，

---

① 周忱：江西吉安人，永乐二年进士，明经济名臣，财税改革家。在任江南巡抚期间，其主导的江西税赋改革，在当时实现了"民不扰而赢有余羡"的"乞可小康"生活。

况钟墓,位于靖安县况钟园林内,1983 年修建

上泽不得下施。今慎简尔等,付以郡寄。夫千里之民,安危皆系于尔,宜体朕心,以保养为务。必使其衣食有资,礼义有教,而察其休戚,均其徭役,兴利除弊,一顺民情。毋徒玩愒,毋事苟简,毋为权势所胁,毋为奸吏所欺。凡公差官员人等,有违法害民者,即具实奏闻。所属官员人等,或作奸害民,尔就提下差人解京。尔亦宜奉法循理,始终不渝,庶副朕之委任,钦哉!故谕。

这篇敕谕,把朱瞻基的所思所想所要及派出官员的原因都基本表达出来了。其中安民、保养、兴利除弊等目标,说明他在对待民生问题上是非常重视的,呼应了民众的呼声。他曾亲自下田尝试农民的耕作,体验农民的艰辛,对农民

的生活和境遇有一定程度的了解，体会到了他们的困苦。

"创业困难，守成匪易。"洪熙、宣德年间，皇帝推行了与民休养生息的政策，宽刑恤民，政治上任贤纳谏，明辨是非，君臣关系融洽，同向发力，国家经济稳步发展，政治也较为清明。以"三杨"为首的治理团队，尽心尽职，后世有"明称贤相，必首三杨"的高度评价。这期间涌现了一批以顾佐、况钟为代表的清官廉吏，与明后期形成了鲜明的对比，社会处于整体的上升期。况钟在任期间不负众望，勤廉治政，以卓越的政绩赢得了世人特别是苏州百姓的世代赞誉。

宣德十年（1435）朱瞻基驾崩，年幼的朱祁镇即位，改国号正统。正统七年（1442）以前，国事由太皇太后张氏主持，"三杨"继续主持朝政，人事政策及财政经济基本沿用了宣宗时的做法，可以认为是宣宗朝政策的延续。但存在官员队伍的管理上失之于宽的倾向，一些明显犯有错误的官员没有得到及时有效的处理，官员队伍管理渐趋松懈。从正统元年（1436）开始，平定西南的四次麓川之役又损耗了本就不充盈的国力，致使国库亏空，此时朱祁镇的老师大太监王振还羽翼未丰，国家基本还是保持了稳定。到正统八年（1443），十八岁的朱祁镇亲自主政，"三杨"已去世或老去，皇帝转而宠用宦官王振，由其把持朝纲，开了明代太监干政的先河。正统十四年（1449）发生了"土木堡之变"，史学界一般认为此后大明王朝由盛转衰。此时况钟已经历"三离三留"，在正统七年底（1442）走完了其灿烂的一生，享年六十。这一年是大明王朝建立七十四年。

况钟的勤

停鞭静忆为官日

事事堪持天日盟

——况钟

　　勤，政之要也，意为尽心尽力地做，努力而不懈怠。勤是一切成功的基础，艰难困苦，玉汝于成。古人谓之"天道酬勤"，道理既深刻又浅显。

　　况钟用一生的足迹诠释了勤的人生意义。无论是从小在家乡读书还是长大后到地方为官，他勤学勤悟勤访勤政，以"能吏"闻名于世，把江南经济从几乎崩溃的边缘拉回来，也让当地百姓享受到了实实在在的好处，在历史上留下了大量可供后世效仿的勤奋事例，成为历史上的一个勤政典型，得到靖安与苏州百姓永远的怀念。就如他自己在《示诸子诗》中教导后辈所言："岁月不汝延，努力无暂辍。圣学苟能穷，斯克续前烈。"他也曾用"精白一心，勤劳旦夕"八个字，总结自己在苏州的十三年工作，直到生命的最后一刻，他还在与其他官员商量苏州政务，最终悄无声息地倒在了自己的知府岗位上。

　　打开历史这本书，找寻况钟勤学勤政的足迹，重温先贤的不懈努力，可以为我们增添工作、学习、生活的前进动力，让我们忠于职守，勤政务实，更好地服务于各自的工作岗位。

良师益友

人的一生当中会遇到不计其数的人，但能成为自己良师益友的却人非常有限，而有一颗向上进取之心，注重不断从良师益友身上学习的人更是少之又少。况钟一生自律勤勉，成就一番事业，就与他的这种人生际遇和态度密不可分。

（一）

况父仲谦是况钟人生的启蒙老师。按《况氏族谱》的说法，况父自号"逊翁"，生性淳朴，不为侈靡，志趣淡然，与朋友相交，信而甚恭。由于家境的原因，他读过一些诗书，懂得知识的重要性。况钟八岁丧母，母亲临终时曾拉着况钟的手说："我事汝父几二十年，乃幸有汝，而我不幸至此，此亦命也，愿汝读书成人以光大厥家，吾瞑目无憾矣。"况父因此对他寄予了很大的期望，笃志教之，每天规定课目，书史诵读不止，他还对况钟说："有田不耕仓廪虚，有书不读子孙愚。力田治生之源，读书起家之本。"在况钟学习稍有懈怠，贪玩顽皮过当时，况父就会说："宁不记汝母临终之言乎。"

况钟儿时读书情景。取材自 2015 年拍摄的纪录片
《大明况钟》

永乐四年（1406），年满二十四岁，已是两个孩子父亲的况钟，在父亲况仲谦的严厉督促下，此时还在靖安县的富仁都龙冈洲（现高湖镇西头村）寒窗苦读，"孑然之际奋志诗书，草茅而裕经纶之志"，准备考取功名，图报国家。农闲之余，他从不放松自己的学业，不仅熟读四书五经，也对书法下苦功练习，楷书、行书、草书都写得比较好。正在他立志参加科考、扬名地方时，不承想，人生的第一个转机突然就降临了。

（二）

新来的县令俞益下乡到西头，听说村子里有一个叫况钟的年轻人字写得很不错，而他正要选一个书吏，于是就把况钟叫到身边。俞益看他身材高挑，沉稳有神，便想试试他的才气。说道，听说你读书不错，你就给我对个对子。只见他把手里的扇子摇几下，口出上联："一扇千须动。"况钟沉吟片刻，抬头对道："三梳万发齐。"俞益很是吃惊，心想这是个可造之才，这个人要定了。

没想到，况钟的父亲况仲谦不同意了。他督促自己的儿子刻苦读书是想考取功名，而到县衙当九流之末的书吏，有违他的初衷。俞益就做起了况钟一家的思想开导工作，并举例说，想当年，曹参、孙伏伽都是从书吏做起，后来不也被朝廷封为谏议大夫和光禄大夫吗？只要努力，前途也一样无可限量。拗不过县太爷，仲谦勉强答应。就这样，况钟到县衙当起了县属六房之一的礼曹（办公文、接待、祭祀礼仪之类）书吏。

俞益是永乐年间的进士，很有学问。嘉靖《靖安志·宦绩》评价他"常禄外未尝苟取"。另一处则说他"知靖安，有惠政"。说明俞益是一个严格自律的人，也为靖安百姓做了一些好事实事。《国朝献征录》卷八十三有传："安庆府潜山县知县俞益，浙江余杭人。由进士预修永乐大典，书成。授江西靖安知县。廉平为治，民甚安之。新丧服阕，改知潜山县。潜山僻陋，益抚绥加劳兼兴学教，其持已爱民，始终一节。学问长于春秋。公暇，辄以授诸生，屡考乡试会试，明于鉴别。宣德九年十月卒，室如悬磬，至无以敛，吏民哀慕而助给焉。"这间接证实了他在靖安的德政所言非虚。用现在的话来讲，俞益是一个爱民敬业、廉洁自律的典型，他用自己知行合一、谨慎勤廉的一生努力实现孔子所作《春秋》里王道社会的蓝图。

俞益是况钟走上社会后的第一个人生导师。因为工作的原因，况钟与俞益成为事实上的师徒关系。他经常陪同俞益下乡，接触访民，直面问题。俞益的一言一行、一举一动无时无刻影响着这个年轻人。此时的况钟要求上进，也想要有一番作为，正是人生观、价值观形成的重要时期，俞益的办事作风、为人道德、学问修养潜移默化地滋养着况钟的思想，不断地丰富、充实况钟的认知。可以说，在与俞益相处的日子里，况钟见贤思齐，为自己尚处一张白纸的人生规划描绘了一条清晰的人生路径，以至后来，他们在人生的道德理想及情趣上都有着极为相似的地方。如《靖安县志》里还留存有俞益描写靖安的《十景诗》，其中有一首《棠浦秋光》：

浦迥晴光远，云高水气凉。

天垂如染练，沙白欲浮霜。

两岸明秋树，中流照晚航。

渡头行客满，谁复说甘棠。

从这幅世外桃源般的民乐图中，最后一句"谁复说甘棠"反映出俞益的从政理想，寓情于景，浑然天成。而后来况钟在苏州的施政方略也体现出这种情怀。正如俞益在周忱上任江南巡抚时的贺诗所言："愿借春膏频广注，万家歌续召郇篇。"其中的召公与甘棠都是指德政，也意是指同一个人。甘棠树也正是召公休息办公的地方，百姓睹物思人，借甘棠来怀念他们的

绿水青山就是金山银山，山水靖安处处有
令人流连忘返的美景

父母官，这样的人正是他们二人共同学习的楷模。

　　况钟的诗风无疑也受到了俞益的影响，他在《西岭樵歌》里写道："西岭闻歌声，归樵晚方过。林暝不逢人，松风自相和。"这首诗一派安静祥和景象，反映了况钟对安定自在的生活的向往。以上两首诗风格类似，格调相同，在语言的运用上也相差无几，细品况钟的其他几首龙岗八景诗，更可以看出两个人在情趣与修养上的接近。因此，在《况太守集·列传二》当中，况钟专门提到"公品行端方，才能敏赡，吏治之精干，自谓得力于贤宰俞公"。俞益的思想及行政方式深深地影响着况钟，不仅开阔了况钟的工作视野，也丰富了他的实际工作经验，不

仅锻炼了况钟的才干，也为他日后在苏州府大刀阔斧地整顿吏治、削减重赋、兴修水利等提供了较为现实的经验借鉴。

况钟在靖安九年为吏，才思敏达，既谦虚好问又劳苦肯干，完成了从书本知识到社会知识学习的一大转变，人格渐趋养成，他也不再是那个青涩的大山里的小伙子。他目睹家乡人民因重赋带来的辛劳与困苦，同情他们的遭遇，"民本"思想在他的脑海里开始生根发芽。他也从老师俞益那里学到了儒家所谓"达者兼济天下"的仁政理念，他渴望施展自己的抱负，"以远大相期许矣"。俞益也越来越器重况钟，有事经常与他咨议商量，"甚相嘉重"，这也说明况钟的道德与治才确实有了很大的长进，况钟已在事实上成为俞益工作的左膀右臂。

永乐十二年（1414），官员考绩的日子到了，此时的况钟也恰似破蛹成蝶，需要一个更大的平台。明初因人才紧缺，朝廷"三途并用"，无论科举还是吏员、书生，只要有相应级别的官员推荐，都可以择优录用。于是，俞益给自己的好友——当朝礼部尚书吕震写了一封推荐信，"沥陈公之贤能，以书荐达于震"。

况钟拿着这封推荐信，走出靖安大山，就此开始了自己的一段传奇人生。

（三）

京城藏龙卧虎，一下就打开了他的人生视野。这一时期也成了他进一步丰富人生阅历、增长知识及从政才干的重要人生转折期。

在这里，他遇到了当时明王朝最有学识的一群人，完全没有前辈大师宋濂青年求学时"患无硕师名人与游"的烦恼，也没有"负箧曳屣行深山巨谷中"的艰辛。况钟的同时代人、状元曾棨[1]，为江西永丰人，是当时的文坛领袖，被明成祖视为有才学的楷模。朝中的重大文告、条例多是其手笔，屡次担任

---

[1] 曾棨：江西永丰人，明永乐二年状元。据《曾敏襄公棨传》载："迅笔千言，立就，理词皆到。"他才华出众，喜奖拔后进，曾任编修《永乐大典》副总裁。

科举主考官。况钟在礼部为官时就经常到他家里请教，或作诗唱和，或请教讨论学问上的问题，与他相处得如同知心朋友，无话不谈。与当时大师级别的学问家探讨问题无疑使况钟的学识水平得到了很大的提高。何况况钟自己也是一个很爱学习的人，他从来没有放松自己的学习，工作之余潜心读书练字，注重向其他比自己有学问的人请教。所谓行在外，学于内，省深悟，这使他在与当时的文学大家相互切磋时，无论是作诗还是求对都能应对自如，相比在靖安做书吏时已不可同日而语。况钟在《为部郎时自作像赞》中曾这样评价自己："惟楮（纸）与墨朝夕是从，惟卷与轴涉猎粗通。"即笔墨随身，把学习当作生活起居必不可少的事物。与他同时代的官员周述在《况氏重修族谱序》中说："伯律为人温厚谦谨，勤敏好学而善笔札……"他曾给族中子孙作过一首《示诸子诗》，其中就提到："岁月不延汝，努力无暂辍。圣学苟能穷，斯克续前烈。"希望后辈们能够和自己一样，珍惜时光，奋发学习，继续先贤未竟的事业，尽管他不是科举出身，但在勤学上为后人作出了榜样。他作出的文章可圈可点。今人看他的文章，在《况太守集》里，保留的一百多篇奏折都是况钟自己起草，辄就成章，不用人手，思路清晰，言辞精要，现在读来，无一篇不是公事范文。时人对他所作的山水诗、迎送饯别诗及言志诗等的写作风格概括为"质朴简劲"，直抒胸臆，有些甚至成为了历史上的名言佳句，为后人留下了宝贵的精神财富。这都得益于他的不断勤学好问。

类似的朋友他还有很多，如书法出色的正字官金问、谋多持重后来担任吏部尚书的王直[①]、同是书吏出身以廉闻名的礼部同僚平思忠等。他与平思忠的友谊还被载入了《明史》。平思忠是苏州人，在他罢官回家最落魄的时候，况钟正好是苏州知府，任上况钟多次请见他，"执礼甚恭"。况钟任礼部主事时，平思忠是四品郎中，是他的领导。礼部是一个繁文缛节非常琐碎的地方，流

---

① 王直：江西泰和人，永乐二年进士，正统年后先后担任吏部尚书十四年，为政廉慎，处事端重，是接班"三杨"之后的朝廷重臣。

程繁琐复杂，任何的细节都不能马虎，永乐大帝又是烈性皇帝，喜怒无常，但况钟在任礼部主事几年，"繁简轻重，悉中事宜"。时人说，"伯律主事仪曹，两京佺偬，举无遗失，绰有能声，晋秩郎中而誉望益著，公卿大夫咸敬重之。"其中，平思忠对他工作上的帮助很大，按《明史》的说法是"遇钟有恩"，说他是况钟的良师益友不为过。平思忠严格要求自己，清正廉洁，即使后来因受人诬告被罢官，做回了一名普通百姓，曾经的下属当了家乡的父母官，也"未尝缘故谊有所干"，这对况钟的鞭策是巨大的。无论是在京城还是在苏州，正是因为有一批像平思忠这样品行高尚的朋友，明大义，知是非，他们用自己的言行示范与提醒，使况钟经受住了权力的诱惑与考验，他们之间可谓"君子之交"。

（四）

况钟的另一个人生伯乐非杨士奇莫属。杨士奇，明三朝内阁首辅，内阁"三杨"中的"西杨"，史称其"廉能为天下道"，他欣赏况钟的才干，他评价况钟"刚正之气，卓特之才，其洁清之操一尘不滓，其执守之固千夫莫回。既明且果，亦敏以勤"，很好地概括了况钟的为人处世，但他对况钟的要求也是最严苛的。宣德五年（1430）况钟赴任苏州知府，他对况钟临别赠诗《六月二日送伯律太守之官苏州》：

西山南浦多乔木，宋代名家有令孙，

十载郎官清似水，玉阶金敕看承恩。

双旌冉冉出皇都，阙下新分太守符，

六月云霓人望切，始为霖雨向姑苏。

他在表扬况钟的同时更是希望况钟能够为百姓送去及时雨，以解百姓困苦，并寄予了很大的希望。有一次，况钟回京述职，杨士奇问他："尤文度安好否？"况钟不知所问为何人，一时无语，于是杨士奇有些严肃地再反问道："君为廉吏，不识尤文度耶？"尤文度是明早中期一个很有名的清节之士，为人正直。古人讲究人以群分，杨士奇言下之意，这么有名的节义之人你都不去结交，你是廉吏吗？这种反问从语气上就能看出严厉来。尽管这只是很琐碎的细节，却可以看到杨士奇对况钟一面是批评，另一面更是器重，也只有为你好、高看你一眼的长者才会说出如此中肯的话来。后来的况钟非常重视这方面的交往，他主动结交整理删补出司法著作《棠阴比事》的吴纳、"景泰十才子"之首的刘浦等高洁之士，与他们请教政事寻找政绩得失，畅谈过往人生，砥砺心得，得到了他们对自己工作的最大支持。

　　况钟第三次留任是在正统五年（1440），此时况钟年届五十八了，不仅有病在身，精力也大不如前，可皇命难违。赴任在即，他到杨士奇处辞别。杨当面谆谆叮嘱并赋诗一首再资鼓励，内有"十年不愧赵清献，七邑重迎张益州"之句，对况钟的十年知府生涯进行了总结并给予了高度评价，也对他提出了新的希望，希望如张方平一样再为民造福。宋代铁面御史赵抃和名臣张方平后来官职都比况钟高，自宋以来广受赞誉，是影响力非常大的两个历史人物。杨士奇把况钟比作他们两人本身就是一种极大的荣誉。况钟为此也作诗感谢自己老领导的栽培并自勉：

万里苍生荷相君，微材深沐拂披勤。

奖余当作箴规看，要把忧劳益几分。

　　诗歌的意思是得到你们的润泽培养却努力不够，以后要把你们的夸奖当作劝诫规谏，更加辛勤地工作，并没有流露出一丝的懈怠，令人感慨。

　　在杨士奇最得意的门生当中，《明史·杨士奇传》专门提到于谦、周忱、况钟三人，并评价为"廉能冠天下，为世名臣云"，其中况钟职衔最低，社会影响力却远超同时代的许多政治人物，难能可贵。况钟用十三年的时间和出色的表现向自己的政治伯乐交上了满意的人生答卷。

　　况钟最有名的一个挚友应该算是周忱了。周忱，字恂如，为人处世自认"济务达变"。他融会贯通历史上桑弘羊、刘晏的财政改革举措，

开创了大明江南财税改革的新局面，是有明以来无出其右的理财专家。李贽①这样评价周忱："为每出会计，视地丰凶、事缓急，为张驰调剂变通。民无逋负，官有余积，前后理财者皆不能及。"周忱善于从经济的角度分析和解决问题，如在解决苏州至北京的漕运费用上，当时运税粮至北京视地点不同，运费就是正粮的一倍至三倍，他就与当时掌管漕运的总督陈瑄商量，请官军代理转运统一运输，一石税粮减少运费一半多，而且不误农时，两厢便利，按后来明孝宗时内阁丘濬的说法："人民有室家之乐，无风波水险。"在整顿江南税粮的过程中，他出台了很多类似效率高又减轻百姓负担的经济政策。在施政过程中况钟也是获益良多，如济农仓的设立、平米法的施行、推动"金花银"流通改革等都是他与周忱相互启发相互论证的结果。从政治的角度来判定，以《剑桥中国明代史》的定义把周忱作为改革家更为准确。

周忱与况钟的交往在况钟任礼部主事时就开始了，而且关系非常的融洽。周忱到任江南巡抚，况钟曾赋诗一首，以示祝贺，其中有"忆昔长安忝列班，清言如屑订余顽"之句。周忱对自己平时的帮助、劝诫还如清音在耳，说明平时，周忱与况钟之间的交往是非常多的，政见及为人也比较接近。比如他们都是孝子且勤于学习，对自己的母亲感情深厚。周忱曾记得母亲为他买一套书，不惜为别人连续纺织十五天，才把赚来的布匹换成书籍，还教导他"勤则不匮，敏则有功。愿汝之所学如我之织"，一再鼓励他认真读书。再比如他们都对底层百姓抱有深深的同情，有深切的儒家民本思想等等，加上又是江西老乡，关系自然更进一步。后来的事实也证明，他们之间的合作亲密无间。况钟每遇重大事项，无论多晚到巡抚府去请示，周忱总是立即接见，两个人可以彻夜长谈以求意见

---

① 李贽：福建泉州人，明代有名的文学家、思想家，著作有《藏书》《续藏书》《焚书》《续焚书》等。泉州现有李贽故居及其塑像。

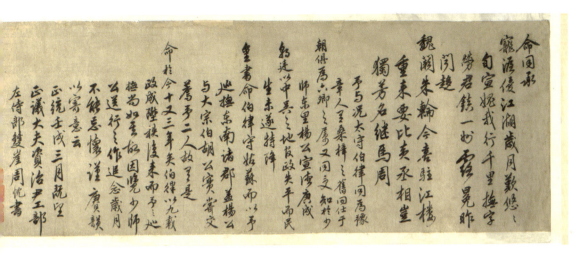

《况知府复任苏州赠行倡和诗卷》（局部）

（文字识读）予与况太守伯律同为豫章人，有桑梓之旧。同仕于朝，俱为六卿之属，又同受知于少师东里杨公。宣德庚戌，朝廷以中吴之地官政失平而民生未遂，特降玺书，命伯律守姑苏，而以予巡抚东南诸郡。盖杨公与大宗伯胡公实尝交荐二人，故有是命，于今十有三年矣！伯律以九载政成升秩复来，而予之巡抚尚如其故。因览少师公送行之作，追念岁月，不能忘怀。谨赓韵以寄意云。　正统壬戌三月既望　正议大夫资治尹工部左侍郎双崖周忱书。

的统一。徐世昌的《将吏法言》记述他们之间"推心咨画，务尽其长，言无不听"，犹如一对知无不言的知心朋友。《明史·宣宗实录》里提到"凡忱所行善政，钟皆协力成之"。况钟在苏州的改革，周忱更是鼎力支持。在江南，他们两人互为犄角，对保守势力作出不妥协的斗争，从多角度推动地方经济发展，同舟共济实行了一场让当地百姓受益良多的财税改革，扭转了朱元璋保守的经济政策所导致的江南地区的经济悲剧，促成了明代中后期江南地区经济的繁荣发达。这个历史性的贡献也使他们在中国历史上书写出大大的一笔。无论史家笔法如何纵横上下，明

代江南税粮改革都必有他们的重要一章，况钟个人的吏志传奇也正在此。藏于江西省博物馆的《况知府复任苏州赠行倡和诗卷》里，还保存有周忱在正统壬戌年（1442）送给况钟的复任诗，其中有感慨"追念岁月，不能忘怀"之句，回忆他们共同的难忘时光，勉励况钟复任后成就西汉名臣黄霸、唐朝名相马周一样的事业。"重来要比黄丞相，岂独芳名继马周"，他们这种惺惺相惜的真挚友谊一直持续到况钟离世。

况钟得益于一路上遇到的良师益友。这些良师益友或品德高尚，或学问高深，或才干过人，成为他人生路上的贵人。表面看，况钟无疑是幸运的，但他一路走来，一路追求，一路登高，择人为伴，因人而师，处处留心，谦逊好学，善于从社会的无字大书中不断找到自己的学习对象，不断从他们身上得到充实和丰富自己人生的知识和力量，这是给予我们最大的启示。况钟追随他们、学习他们、超越他们，才有机会努力实践自己"报国一心何日尽"的人生理想。

善思勤访

善思、勤访是况钟从政风格的两大特点，他在靖安、京城和苏州，无论为吏做官，处处体现得淋漓尽致。

况钟天资聪颖。知县俞益曾非常自豪于自己在乡间发现了况钟这个人才，他形容况钟到靖安县衙当书吏是"舒徐儒雅出风尘"，没有把况钟当成一个寻常的刀笔吏来看待，而是寄予满怀期待。做书吏的况钟没有让自己的老师失望，无论做人处世均尽显其聪慧、宽厚，在靖安这个小市镇赢得了大家的夸奖，以至俞益后又形容他"聪明妙夺山川秀，宽裕咸夸里巷仁"，认为他已经具备了做大事的气质，这才把他推荐给自己的好友户部尚书吕震。况钟又是一个领悟能力很强的人，到北京以后，同时代多有名人以"敏"字称之。洪熙元年的《升授郎中制词》中有："尔礼部仪制清吏司主事黄（况）钟，清慎谦和，才识敏达……"杨士奇在《况太守像赞》中说："既明且果，亦敏以勤……"他的直接上级礼部尚书金幼孜在《龙冈公重修况氏宗谱原序》中说："伯律才识敏瞻，居官以廉慎著称……"后来的明代思想家李贽在《续藏书》中评价他"刚毅敏达"。无论"敏达"

还是"敏瞻",都可以看出况钟是一个善于动脑筋思考问题,且见微知著、思维反应迅速的官员。有一个有名的"淮安造鼓"的典故,颇能说明况钟的思维与意识的敏锐,也可以看出他平时学识的积累。有一次,礼部的鼓因使用时间长而破旧不堪,于是去书信给淮安府,要求再造一面新鼓。但如何把制作要求很好地表达出来呢?礼部的其他同仁苦思冥想都不得要领。正踌躇间,况钟站出来,写下八个大字:"紧绷密钉,晴雨同声。"大家一看,制作要求和目的清清楚楚、言简意赅,都大为叹服。

苏州任上,他更是把此种个性特质发挥到极致。为加强财税管理和社会治理,堵塞漏洞,他在制度的设立上想了很多以巧制胜的办法。其中的"四簿"最为有名:一是设善恶簿,作为旌扬善行做好事者、惩治有劣迹而屡教不改者的依据,大力倡导良好的社会风气;二是设勘合簿,防止胥吏夤缘为奸,确保税粮出纳有序运转,堵塞不正常的损耗或非法侵占漏洞;三是设纲运簿,把运夫的责任具体化、连带化,正常损耗明细管理,以防侵盗;四是设馆夫簿,把来往官员等在驿站的服务条理化,防止他们享受超过规定的接待待遇,建立实际意义上的台账,杜绝浪费。这些制度与措施能敏锐地抓住人们容易忽视的盲点或尽量回避的痛点,堵塞漏洞,保证了官僚及差办机构的有序正常运转,形成了制度管人的良好格局。时人张洪①称他在苏州治理上,"综理周密而不烦,施行甚易而不疏",就是称赞他在管理上制作了一道织密的制度之网,使每个机构节点及相应的官吏都能各司其责,不越其位,不擅其职。后来道光年间的苏州知府额腾伊对比自己在苏州任上的辛苦,就感叹"以况公之不动声色而措置裕如者,其才力之悬殊几何矣!"

后世很多人在审视况钟治苏时也多看到了这一点,认为他治苏游刃有余,是治世奇才。但这些人只知道况钟表面的风光,却忽略了他背后的辛苦付出。

---

① 张洪:江苏常熟人。曾在鸿胪寺(专司外客接待及出使)任职,永乐初出使朝鲜、日本等国,后又参与《永乐大典》的修纂,宣德年间致仕。

"救烦无若静，补拙莫如勤"，他把别人迎来送往、喝茶聊天的时间用在了处理政务上。明代苏州是江南重镇，奢华铺张的社会风气一直存在，即使底层百姓生活艰难，上层及地方豪绅仍然杯光觥筹、莺歌燕舞。况钟历来崇尚俭朴的生活，不喜迎来送往，他把自己大部分的业余时间用在了处理工作、检点得失上，另一方面也起到风尚的引领作用。他在自己的府内设一小阁，命为"退思斋"，取自"进思尽忠，退思补过"之意，在个人仕途有精进，得到朝廷重用时，尽最大的能力报效国家，而在卸下职务独处时，能反思过往，检点自己的不足。时苏州府学教授陈孟浩在记载退思斋的由来时就这样写道："苏为郡，领七县，当东南之都会。地大物众，生齿繁夥，钱谷税粮甲于他郡，素号难治。故为郡于苏者，施政事于此，不能熟思而审处则未有得其平者矣。"说明这里是他工作的地方，而且是他一个人独处思考的方寸天地。"以政未有所逮则退于此致思也。"在《退思斋自记》当中，况钟这样说："余质性鲁钝，又学问鲜克，见闻鄙陋，一旦蒙天子寄以大郡，政务纷纭，庶狱繁杂，加以猾吏豪民，日接不暇，余夙夜战兢，无一事一时不殚思竭虑，深惧检察未周，陷于罪戾，上以辜负君恩，下以招小民嗟怨。"他还说："每治事之暇，独坐其间批阅案牍。一切民情政务，细心忖度，务求至当，有错误即改。"不难看出，况钟基本上把自己的所有时间都用在了公务之上，而且他对工作的要求标准也是非常之高，呈现出一种精益求精的态度。"桃李不言，下自成蹊"，只有背后默默付出加倍的努力，才会有迎来人生高光时刻的机会，况钟的"措置裕如"永远建立在他的勤政基础之上。

　　况钟的正确决策不仅来源于他的深入思考，同时也来自他在实践中的调查研究。每做一件事，每下一次决心，他都尽力在充分掌握现实情况的基础上，边调查边思索，反复酝酿反复斟酌。从大的方面讲，《明史·况钟传》里记载的那件捶杀不法奸吏的传奇故事就很好地说明了况钟的处事风格。他采用欲擒故纵的办法，对他们表面上言听计从，实则暗地里进行详细的调查取证，把不法奸吏所办违法之事的来龙去脉了解得清清楚楚，当庭质问时皆中

昆曲《十五贯》剧照

昆曲《十五贯》是二十世纪五六十年代改编自传统戏剧的经典曲目，是一部以歌颂况钟实事求是、反对官僚主义的力作，受到社会的广泛好评

要害，"立捶杀六人"，把况钟嫉恶如仇、心思缜密的性格刻画得栩栩如生，"一府大震，皆奉法"。从小的方面讲，况钟对于苏州民间经济活动的细节也是烂熟于心。比如他曾经专门指出，"近年有等无籍之徒，四出远迎到家，公然匿税，各分货卖，经年累岁不还价值。及至客人赴官告取，却捏匿税等词混赖"，还有诸如为了少报税赋，隐匿人口或改姓报籍等行为。况钟对基层民间的情况非常清楚，反映了他平时非常关注乡情、民情。

著名的昆曲《十五贯》更是刻画况钟重视实地调查的经典之作。剧中，况钟先细问当事人熊友兰、苏戍娟，再深入尤葫芦家察看作案现场，遍访尤家左邻右舍，询问地保，最后套问娄阿鼠致真相大白。这部剧是苏州人朱素臣[1]在明末改编自《双熊记》的作品，朱素臣把《十五贯》里明察秋毫的"青天"艺术形象放在况钟身上，与当时苏州人对况钟体察民情、办事细密的记忆是相符的，也反映了况钟在苏州百姓心目中本来的样子，更说明了况钟的"青天"形象深入人心。

当然，作为一名官员，况钟在调查研究的具体实践中也是有过深刻教训的。初来苏州时，他因轻信府内经历傅德，冤枉了吴县县丞赵浚，把他归为被罢斥的官员一类。况钟上任两个月就罢了他的官职，后来在吴县当地百姓的申

① 朱素臣：江苏吴县人，清初戏曲作家，代表作《十五贯》等。

告下，恢复了官职。一百多年后，学者沈德符未经考证在把故事发生时间与傅德姓名都搞错的情况下，给况钟贴了一个"轻听躁动"的标签。沈怎么也没想到，况钟稀罕地犯了一个错误被自己抓住不放，而紧接着，他自己也犯了同样的偏听轻信错误。旁观者看来，只要到实地调研或在材料的考证上认真一些，都可以完全避免。从他们二人身上可以看出，轻信是人易犯的痼疾。调查研究原本难亦不难，难的是要勤，不查不知，不难的是事实都在身边。事实是况钟在发现错了以后就立即作了改正，而且发现傅德"非法用刑拷打，逼取银两"的问题后也严肃作了处理，把他送京法办。在这之后，况钟任知府十三年，认真汲取这件事给自己带来的教训，再也没有犯过类似大的错误，所以沈拿这一偶然事件作为一个人的为政标签，实在过于苛求。

现存于上海嘉定文庙的《嘉定郡守况侯政绩之记》碑，有况钟"访求孝廉，宣问民隐，荐能黜懦祛奸及贪肃，若明神"的文字记载。《况太守集》里也有"遍询民之利病，政之臧否，官属之贤与不肖"的记录。意思相近，都能很好地说明况钟善思勤访的办事作风，更说明了他对苏州当地情况的掌握之细，不枉苏州人称之为为民作主的"况青天"。

在调查之际，况钟也重视纳谏，凡对民对朝廷有利的意见和办事建议，他都积极采纳。有一个当地的乡宦，他上书况钟，历陈苏州百姓的凄苦和苏州难治的症结，建议况钟欲兴其利，先除其弊，在整顿官员队伍时，要破常格，行不测之威，使贪官污吏无法藏身，并对况钟寄予了期望。这些意见，与况钟所掌握的情况及想法不谋而合，在况钟以后的施政过程中都得到了体现。况钟到苏州上任的第一件就是整顿官吏，解决贪官猾吏问题，先后处理和调整了一大批不合格的官吏，使整个苏州官场面貌焕然一新，为后续妥善解决苏州重赋和官民争利的问题打下了一个良好的基础。苏州沿海卫所，有备抗倭官船数十艘，因为造船的材料均由州县提供，那些卫所的军官就借口每年船只拆毁沉没，再借造船的名义，向州县百姓摊收造船税。当地缙绅吴海舟，向况钟提议，由卫所自购造船物料，府县核定定额分年度付税，州县派遣工匠，

互相进行钳制。这样一来，卫所将官见无利可图，也就罢了。况钟觉得这个建议很好，施行下去，省去了百姓的一项额外负担。

翻阅现存于世的《况太守集》，有一个细节很能说明况钟重视掌握第一手材料的工作特点。在况钟的奏章里，他反映苏州任何一件具体的事情，首先提到的是自己的观察和掌握，"臣究得"或是"臣体究得"，反映出他掌握事情的原委并不是道听途说，而是现场第一手资料，是在充分调查研究的基础上得到的。他留下来的一系列奏章、文赋体现出来的都是现今所提倡的"问题导向"，从提出问题到解决问题，言简意赅，都是从最紧迫的地方抓起，反映出他不唯上、不唯虚、只唯实的政治态度。在错综复杂的现实矛盾里，特别是他所处的年代，唯实不是那么容易的，很多时候要有勇气与坚持，甚至付出代价。他的上级周忱就因反映问题被扣上了"变乱成法"的罪名，承担了巨大的政治风险。

"公任苏州，极好咨民事，每与缙绅士人燕见，语不及私，及民瘼辄见之施行，略无迟缓。"据相关学者不完全统计，况钟所有涉及苏州事务的奏章中，有十二篇是根据苏州百姓提供的信息及建议作为自己的决策依据，占了所有类似奏章的一半以上。即使是现在保存下来的，也只是"大略云尔，遗失者，不知凡几"。况钟知道"居官莅民之道，听纳为先"的古训，他打破了当时一些官员不屑且不愿与民问计的惯例，也打破了一些官员"独矜己见"的自以为是，而是"询于刍荛（比喻不耻下问）"。在《况太守集》里，至今还保留了"听纳"篇，都是当地人向他反映有关苏州或个人问题的各种信件，其中就包括反映苏州百姓疾苦的《致仕乡宦方献忱上太守书》及《乡贡进士薄实上太守书》，这为真实反映况钟上任及第一次复任前后苏州百姓的悲惨生活提供了依据。这些依据及况钟本人踏访而来的直观感受，使他有了为百姓鼓与呼的底气与勇气。他重视民间疾苦，出台了一系列关注民生的条谕与榜文，妥善处理了一些社会关注关心的焦点问题，极大地缓解了当时苏州的社会矛盾，使凋敝零落的

苏州社会生产活动重新活跃起来。苏州远逃在外的人口纷纷归附，人口数量大增，农业生产逐步走上了正轨。其中最典型的体现在历年拖欠税粮的处理上。

自宣德元年（1426）到况钟上任，苏州府共拖欠税粮七百九十万石。如何处理巨额负债，是个非常棘手的难题。况钟"采察民情"，边调研边思索，尽力听取各方意见，决定分两步走：一方面要把百姓的负担通过有效的办法减下来，另一方面要动员基层的力量把欠额征收好。他发现苏州当地百姓手中的大明宝钞数量较为充裕，但苏州百姓并不喜欢此种流通货币。因超额发行，宝钞贬值速度快，商家更愿意收银两、铜钱。百姓对宝钞的流通从心理到行动上均加以抗拒，最终使宝钞流通受到限制。于是他听取百姓的意见，采用折中的办法，在宣德五年（1430）十月向朝廷提出了旧欠折钞的方案。他说："贫民缺食，拖欠递年税粮，无从办纳，如蒙准奏，乞将本府宣德元年至宣德四年拖欠税粮，照依洪熙元年（1425）以前事例，折收钞贯，则民得休息，粮无拖欠。又且钞法流通，实为民便。"洪熙元年以前宝钞受追捧自然没问题，现在回收就存在贬值的大问题，但朝廷又没有其他更好的理由反对，毕竟它是朝廷发行的正式货币，于是就批准了况钟的建议。这就在相当程度上减轻了百姓的纳粮负担。

第一步的目标达到了，但历年拖欠税粮的收取是个极其复杂的难题，拖欠的原因也是五花八门，粮长包收负责制的实行因各方势力的插手也已完全变形，牵涉粮长本身，也牵涉官吏、农民及流通中的各个环节。况钟在受理多起诉告粮长问题的案件后，经过调查及听取下面官员意见，认为其中的关键还是粮长及地方的豪强大户。这些"强民"很大一部分是轻微犯罪，追究起来不仅工作量大也没有多大的示范意义，须快刀斩乱麻。只要这些人不从中作梗，就相当于解决了一大部分问题。对于如何收服这些"强民"，况钟采取了"先劝后打"的办法。同年十月，针

对一些"强民""打夺绑缚、勒取银钱或不服约唤、欺凌小民、拖欠税粮"的情况，况钟专门贴出告示，"许令悔过出官，催办所欠钱粮"，给予他们一次立功改过自新的机会，只要不是罪大恶极的都有豁免前罪的可能。在榜示之后，再有抗拒打夺不服官员拘唤或生事害民者，如果被指认姓名则"擒拿籍没"，相当于抄家。在况钟铁腕治吏的余威下，这项政策很快得到贯彻执行，既缩小了社会打击面又提高了粮长的工作积极性，取得了良好的效果，较好地解决了拖欠的历史遗留问题。

况钟的善思勤访不仅反映了他踏实认真的工作作风，也表现出他工作中的创新性一面。他善于发现问题、判断问题、分析问题，抓住问题的要害提出可行的办法。这使得他在苏州的许多改革举措不但能一扫苏州百姓往日的愁苦，令苏人咸谓"前后守不知几何人，未有若侯父母斯民至于如此也"，更让后世有迹可循，成为效仿的对象。如上面所说的"田赋折银"及随后的义役仓设立，都成了后世赋税"一条鞭法"及"摊丁入亩"改革的前导。

敢于治吏

宣宗初期，立国近六十年，承平日久，官场风气却江河日下。官吏腐败已悄无声息地渗透到各个层面，奢靡享乐、铺张浪费成风，连管纪律"职专纠劾百司"的中央最高行政长官左都御史刘观都变成了贪污受贿的大腐败分子。苏州地处富庶的江南之地，吏治腐败更是随处可见，已成为一种普遍的现象。

况钟任上亟待解决的是弊病丛生的吏治问题。一些官员与胥吏沆瀣一气，又与部分粮长、大户相互勾结，组成利益同盟，蟠结固化，"最号难治"，民愤极大，阻力也极大。乡宦方献忱给况钟的书信中就指出："苏人不幸以富饶闻，凡官斯土者，轺车过传于斯者，京僚采办来斯者，日踵弗绝，人人思饱其囊而去。"上有好者下必甚焉，中下层官吏投其所好，上下其手，欺上瞒下，从中渔利，极力搜刮民财，弄得民不聊生。面对乌烟瘴气的政务环境，他说："正己安民，乃为官之先务，见恶不惩，则有容奸失道之弊。"他的从政信条中就有一条："迩（近来）而不可不察者，吏也，严而不可不用者，刑也。"况钟自己是小吏出身，深知吏治的弊端和重要性。在整顿吏治的过程中，况钟

有意地采用了一些出人意料的策略，有时甚至不得不采取了一些过激的措施以起到杀一儆百的效果。他认为，在尖锐复杂的反腐斗争中，对腐败分子仅仅依靠振聋发聩的道德说教，就是书生意气，不用霹雳手段，很难打开工作局面。即使如此，有些吏治的整顿也还是经过了艰苦的斗争。

他先从身边的官吏抓起。《明史·况钟传》里叙述了他如何在上任一个月的时间里不动声色查明隐情，捶杀六个不法奸吏的故事："初视事，群吏环立请判牒。钟佯为不省，左右顾问，惟吏所欲行止。吏大喜，谓太守暗易欺。越三日（此处时间有误），召诘之曰：'前某事宜行，若止我；某事宜止，若强我；若辈舞文久，罪当死。'立捶杀数人。"

这种快意恩仇的行为方式在当时是一件轰动朝野的大事，对积弊已久的苏州官场无异一场地震，甚至引起了争议。争议在于部分官员后来就把这作为况钟"贪虐"的有力证据，但在苏州百姓看来却完全不是这么回事，他让压抑许久的民意得到了充分的释放，在当时一片尽墨的时候，仿佛"于无声处听惊雷"，让绝望的人们看到了希望，起到的效果立竿见影，如拨云见晴日，得到了苏州百姓的欢迎和拥护。心藏风云世莫知，三吴邦民尽说奇，"青天"之名自此而生，以致后来的许多文献都把这一剧烈的官场变化，作为况钟救民于水火的典型事例记载下来并大加赞扬。一些士子文人还用诗歌、童谣的形式来表达他们的心情，他们说"能生能杀道兼有，西门豹后况太守"，把况钟比作战国时魏国的政治家西门豹。百年以后，明大臣王琼在其《掾曹名臣录》中特别对况钟重典治吏作了这样的解释："为胥吏者，一有轻视其官长之心，便作奸执法，靡所不至。况公所为，惩一以警百也，数人虽毙，而人知畏法，所保全者多矣。"清冯梦龙①甚至说，况钟这种猛药祛疴、重典治乱的有魄力的做法，足以让那些喜欢夸夸其谈的文人及端装作态的高官大吏觉得惭愧不

---

① 冯梦龙：明末苏州府长洲人，中国文学家，在戏曲、小说等各类文化体裁的创作上建树丰硕。其整理和创作的《警世通言》《醒世恒言》《喻世明言》与凌濛初的《初刻拍案惊奇》《二刻拍案惊奇》合称为"三言二拍"，在中国古代文学史上有一定的地位。

如，由于民间和史学界普遍认同和引用了这一说法，到清修明史时就又还原了以上这一场景，算是从正面给予盖棺定论。当然，现在的人用法治的角度看肯定是不妥的，但在当时人治的社会颇有杀一儆百的作用。

随后在不到半年时间内，他根据百姓的举报及查证，先后向朝廷投递了五道奏疏，劾罢冗官、拿解贪官、解职不称职者共十二名有名有姓的府属各县主要官员，拿解了多名为非作歹、敲诈勒索的地方重要官员，效率惊人。如苏州府经历傅德，"贪婪无厌，有伤廉耻"，多次以催粮为名，非法拷打逼取银两属实；昆山县知县任豫、县丞吴仲郢，向来使用酷刑，剥削害民，科取银两；又长洲县典史薛孟真，榨取财物，勒索银两，殴打官员，等等。并及时上《请添设官员十六缺奏》要求吏部"保选廉能干济人材除授前来，与现任官员责令分管办理，庶使钱粮、军需易得足，顽户里胥不敢作弊，小民不致仍复如前受害，而民情庶务，皆不至旷误"。

况钟整顿吏治不讲人情，狠字当头，讲究从严从快，却从没有在整顿过程中搞一刀切，而是根据官吏不同的情况区别对待。对一些只有小过错的官吏，则"去其奸宥其过"，交待他们，"且谕之日，汝等速改犹可及也"，给予他们悔过自新的机会。所以即使表面上是疾风暴雨式的人事整顿改革，但"去留者若干人，府中静治"。

在裁撤官员的同时，况钟也注意在工作实践中发现和起用百姓公认有才干的官员。如常熟县治农县丞王恂大，"性资宽厚，政事公勤，提督农务，甚是得宜，催征税粮，亦自有法，人民信服"。本来，王恂大已被吏部调走，新来的县丞刘易元办事不力，喜欢没事找事搞小动作，于是况钟专门上《留治农县丞奏》把王恂大又要了回来。还有常熟的主簿郭南、吴县县丞吴清、嘉定县丞俞观等，他们有的是治农官，有的因丁忧回家守丧，经况钟考察认为他们"干济有为"，在观察一段时间后，就提请把他们委任到相对重要的岗位。后来在宣德八年（1433）他又把其中表现优异的郭南再次提拔为常熟县令，认为他"持身廉谨，莅政公勤"。郭南没有辜负况钟对他的期望，在任期间为

百姓做了大量的实事，年老退休的时候还被当地的百姓要求留任。此人被《明史》录进了《循吏传》，而县令一级的官员被录《循吏传》是不多见的事。对勤政有为的官员，况钟则勉励挽留，如吴江县县令贾忠在任之时，"公勤办事，善理庶务，能任繁剧，抚民有方，爱恤百姓，差役公平"，任满九年当调别处，当地百姓刻意挽留，"咸愿保留复任"。况钟及时做好安抚，奏请贾忠复任吴江县令。

对新到任的官员，他严格要求，坚持标准，对尸位素餐的官员做到及时清理。如由吏部选拔新到任两个月的长洲县知县徐亮，"到任两个多月，问其所管事务，俱推年老不知，六房吏典不能拘管，粮长、里役不听约束"。况钟便让主簿蒋斌积极协助他工作，同时又请求朝廷及时选派"有为有守知县驰驿前来"，将无所用心的徐亮撤换。在况钟眼中平庸不是无罪，而是有罪，这反映出况钟奋发有为的个性。由此可见，况钟任用官员有一定标准，不用庸冗不作为者的意念是坚决的，及时发现及时罢免，从不拖泥带水。

上任的头两年，他把很大一部分精力都放在了治吏上。宣德七年（1432）前，他向朝廷提交的奏章中，有十五篇奏章近三分之一都是专门提到如何整治当地吏治的具体措施，涉及几十位官员的改、撤、换、提上，显示了他治理整顿的用心与决心。有些人事的调整充实尽管一时没有得到朝廷的支持，如《请添设官员十六缺奏》，朝廷在不明就里的情况下并没有答应，甚至否决了他的诉求，他也不气馁，而是逐步做好转圜的工作，尽力争取和弥补。

当况钟把吏治改革的触角伸向更基层的府县治农官时，却引起了一场矛盾尖锐的官场纠纷。治农官是江南专职农田、水利的副官。由于治农官在设置上权责不到位，制度上出现了权大责小的漏洞，使得一些治农官在夏秋催粮的紧要关头却可以袖手旁观。治农官下面还设置了九千多名圩长、圩老，不仅使冗员问题十分突出，也加剧了他们与地方粮长间的争权夺利、互相勾结的情况。一些圩长、圩老更是利用自己的特殊身份接受状词、放债、包揽小户粮草，公然拖欠公粮，"生事害民，非止一端"。况钟的本意是想精兵简政，废除圩长制，进一步提高工作成效，但不想触动了管理治农官的抚民巡抚成均的利益。成均可能认为这是况钟在变相侵蚀他的权力，一开始就不同意，矛盾就这样发生了。但况钟不为所动，坚持自己的做法，禀明朝廷并得到支持。

正当况钟整顿好队伍准备大干一场时，在靖安老家的继母突然离世，他不得不丁忧回家，这就是他的第一次离任。

他的离任使得本来平静的官场一下又变得动荡起来。先是被押解到京的薛孟真对况钟反咬一口，状告况钟进行报复，再是成均也唆使下面的一些人联名状告况钟，把苏州知府的一名推官（类似现在的审计局长或法院院长）抓了起来，又抓了下面的一些粮长，拷逼他们共同诬告况钟，同时自己也在朝廷奏了况钟一本。

由于况钟的离任，苏州府很快又恢复到以前那种官场贪污盛行、苛捐杂税繁复的局面，一些本来要减免的税赋重新又加了起来，百姓的生活又重现困顿。两相对比，苏州民间立刻流行起一些思念况钟的民谣："况太守，民父母，众怀思。因去后，愿复来，养田叟。"

许多官吏及一府七县的民众自发地联名组织起来，要求"夺情"起复况钟。其中长洲县就有三万七千多人联名向朝廷上了本章。他们说："（公）到任以来，祛革奸弊，抚安良善，所行事务，诚为公当，决事无疑，赋税均平。"这就使得三月离任的况钟于次年二月又回到了苏州。

回到苏州，况钟深处当时舆论的旋涡，特别是在与巡抚成均因撤换不称职的圩长，以及把治农官改催粮官看法上的政见不和，以及反复被告，这令况钟承受了极大的压力。但他没有因此消极，而是继续坚决推行已定的吏治改革措施，在给朝廷的《遵旨辩明诬陷奏》中客观地把事情的原委叙述清楚，点出自己与成均的矛盾之处，对加诸自身的不实之词也进行了一一批驳。宣宗皇帝在认真审视后，对况钟依旧非常信任和支持，他对众朝臣说："知府一郡之表率，而行之自廉始，钟必能持廉，持廉而后能去贪。知府能去贪，则贪官之贪者必自敛矣！"于是在况钟复任的第二个月，成均于宣德七年（1432）

电视文史片《况钟斗巡抚》

中央电视台 12 频道的法律讲堂栏目曾播放五集电视文史片《况钟斗巡抚》，主要讲述况钟初任苏州知府时与当时抚民巡抚成均的一段斗争故事，主讲人是三峡大学教授彭红卫

三月改调南京户部任职，结束了这场因治吏而引发的斗争。

宣德七年（1432）以后，况钟并没有因为暴风骤雨般的吏治整顿结束就放松了对官员队伍的管理，而是抱着"邪佞者虽近必黜，忠直者虽远必收"的态度，对官吏队伍进行必要的革故鼎新，极力去除不合格或有污点的官吏，保持官吏群体的整体向上活力。

宣德八年（1433），他还做了一件整顿吏治、革除冗官的大事，对所有的隶役进行了一次彻底清理。先是宣德七年，他就发现一些巡检出现"其间多有久占衙门，经年不替者；有隔季又复充当者；有只身无籍，营充及冒名顶替他人应当者"。于是规定了每年底将名单送苏州府审核，以凭定夺，清理不合格者，所有巡检公务前对名单进行公示以减少作弊空间，所有人员定期更换。但后来，在查办历年假案、积案的过程中，他又发现了相当一部分吏典徇私舞弊以案谋私，出现两边通吃的问题，甚至发生了逼死人犯的情况。成均告他"淹禁死囚"其实就是针对这一问题，但他把责任全部归于况钟一身。还有一些吏典内外勾结，为非作歹，一些不良子弟假冒身份敲诈勒索平民，欺压妇女，此时嘉定吴江一带又发生了奸吏潘承祖扰害民人的案子，在整个苏州府影响巨大。于是，况钟对凡是涉及有不法之事不合格的吏典，专门组织进行了一次性清退，编造名册，杜绝滥充吏典，要求各县"照依经制原额"，按编定人，并鼓励举报，坚决打击和处理办案作弊行为。

况钟自己是一个一身正气的官员，对官员队伍的管理非常注重以身作则，以上率下，这为后世留下了许多清正廉明的故事，也带动了很多的地方官员自警自律、勤勉有为。在他任知府的后十年里，苏州府再也没有发生过官员腐败的窝案、串案。平日里，他对下属官员是非分明、嫉恶如仇，一旦发现有违法乱纪的官员坚决一查到底，依法惩办。如宣德七年（1432），他罢免并追拿违法乱纪的昆山县丞贾敬。昆山县的催粮县丞贾敬逼取里长银两和其他财物被人告发，此时，贾敬本人因督运库粮出差山东，事发后躲藏不归。况钟上《提取贪赃逃避官员奏》，请行在司文山东"拿解问罪"。再比如，宣德九年（1434）五月，吴县罗汉寺的僧人妙藏告发：自己被人诬告与民女通奸后又被吴县知县白圭拘拿决打，收监不放，诈要银两一百两，不得已，凑银三十两，色缎二匹。案发后，况钟查明属实，将知县白圭拿解送法司究问，明正其罪。同样，况钟也知人善任，培养了一批勤政清廉的官员，先后有多名有政绩的官员得到提拔和重用。宣德十年（1435），因他的荐举，长洲县知县韩瑄被任命为湖广武昌府知府，从正七品破格提拔为正四品。被他提拔的还有吴县主簿吴复，被任命为吴县知县，后再被推荐委派到河北柏乡县任知县，再升工部主事、侍郎；苏州府通判邵堪被任命为苏州同知，等等。

综观况钟治吏用人，是其执政个性的很好展示。其中有嫉恶如仇的血性、桀骜不屈的坚持，也有心思缜密的思考、和风细雨的安抚、见贤心喜的欣慰。一张一弛，可以看出况钟对当时官场的弊病有着深入细致的洞察，深知其中曲径通幽之处。他善于把握关键环节，痛处用力以实现最大的整治效果，恰到好处从而起到以点促面、震慑一片的效果。现在的人看他治吏，就像欣赏

草圣张旭一幅"悲喜双进"的草书作品一样，"逸势奇状，莫可穷测"，刚正可力逾千钧，温柔处又如沐春风，轻重缓急看似潦乱却又章法有序，线条井然，正如大文学家韩愈所说的"利害必明，无遗锱珠，情炎于中"，处处可见功力与用心。正因如此，况钟鲜明的执政风格往往成为后世的美谈，在明中期的苏人笔记中他是一个必不可少的人物。苏州民间曾留下了很多关于他的传奇故事，可惜的是大多没有记录下来。不过这对他而言已不重要，重要的是他没有辜负当初宣宗皇帝朱瞻基对他的希望，当然也是他的政治伯乐杨士奇的希望，"毋徒玩愒，毋事苟简，毋为权势所胁，毋为奸吏所欺"。后来，他的继任者李从智、朱胜从正统皇帝那领来的圣旨，也有同样的皇帝嘱托，但无论他们怎么做，不论是能力还是整治方式，都不可能如况钟一样出彩了。

革减税赋

几百年以来，在苏州百姓眼中，革减税赋被视为况钟对苏州的百年恩德，明郎瑛在《七修续稿》中就说此为"万代之阴德者"，历史学者也认为况钟在任的最大功绩就是减赋。后世的很多官员在这一点上对况钟都是"高山仰止，景行行止"，怀抱钦佩之心。如康熙年间的状元，苏州人彭定求谈到苏州税赋："吴民世受公之赐，正是无穷。"道光年间的苏州知府额腾伊在《况太守》序中所说："公政之大者，在减浮粮，岁至百五六十万石，百姓至今实受其利。"况钟在知府任上，为减轻苏州百姓负担，在巡抚周忱的鼎力支持下，想了很多的办法，采取了很多前所未有的改革举措，有些经过艰苦的努力才得以实现。

（一）

按照明王朝当时的生产力水平，江南地区已进入到精耕细作阶段，每亩谷物的产量大致在四百至五百市斤左右。但因为江南历来就有官田、民田之分，官田即是公田（公田一般是指宋、元以来籍没入官的田及后来抄没张士诚及官僚大户的

田地）。在苏州，官田比例高，赋税也奇重，达到整个税粮的百分之九十以上，税粮征收额是民田的五六倍甚至十倍以上。宣德五年（1430），苏州一府七县的秋粮共征二百七十七万九千一百九石零，占整个明王朝总税粮的近十分之一；其中官田税粮就有二百六十二万五千九百十五石零，民田税粮只有一十五万三千一百九十四石零，而明朝知府有一百五十九个，可见当时苏州知府的重要性。苏州此时账上人户有四十七万四千二百六十三户，人口大致在二百四十万左右。迁都后，远近不同的运输费用及各种赋役摊派，总的负担达到八百多万石。比如运到北京的税粮，运送一石米的费用达到四石米，而且运输民夫一整年的时间都在路上，当年根本没有时间再进行耕作，这就极大地增加了苏州当地百姓的负担。

还有一个加重百姓负担的情况是，当地的世家大户大地主与官府、粮长及胥吏相互勾结，他们利用自身的优势地位和手中的权力把官田的税粮负担千方百计地转嫁到普通百姓身上，争逃税赋，兼并土地。更加恶劣的是，吏治腐败导致一些不法官吏及粮长从中渔利，盘剥侵占的情况比比皆是。正如方献忱在给况钟的书信中指出的那样："里老吏胥辈复倚为利薮，不至尽吸其膏髓弗止。"他导致的一个直接后果就是很多农户不堪重负，大量逃亡。江南巡抚周忱曾在《与行在户部诸公书》里，对此有详细描述，单单苏州太仓一地，户数从洪武年间的八千九百余户，缩减为宣德年间的一千五百余户，再进一步核实后又只有七百三十八户。民众逃亡情况的严重，形成了税粮向现有人口集中，所剩人口又不断逃亡的恶性循环，苏州重赋的问题已到了非解决不可的地步，否则江南有"渐至于无征"的危险。

况钟充分认识到重赋所带来的严重后果，宣德五年七月刚上任不久，他与刚到江南任巡抚的周忱一起经过调查分析筹划，制定了一个先核减官田七十二万一千一百石的方案，分别向朝廷呈上不同的奏章。况钟的要求是《请减秋粮奏》，强调"民困委实难堪"，要求按朱瞻基在宣德五年初的要求，分官田征收比例的不同核减苏州府官田税粮。周忱则向户部各主管官员递交了

《与行在户部诸公书》，着重分析苏州等江南地区民众逃亡严重的情况及存在的原因，要求户部"详加讲究，明白奏请，将苏松等府逃移人户，不拘通例别立一法以清理则检制之"。两人的要求先后被户部驳回，户部认为官田起科已是洪武年定制，作为成法不能任意更制。

况钟对此种说法表示不认可，他在进一步调查和收集情况后，在宣德五年底再上《再请减秋粮及抛荒粮抽取船只奏》，对减免的情况分轻重缓急进行了细致分类，更对朝廷提出了新的批评。他认为减免税粮是根据宣德五年朱瞻基的敕谕提出的，有充分的依据和事实支撑："今本部驳，前后不一，人民惊恐，莫知所从。若便遵依不减，仍照旧额征粮，不惟不违恩命，抑且失信于民。"政策的不统一，下面不知如何执行，此失信于民的作为违背了皇帝与民休息的好意，这个说法相对第一次上奏，语气上完全不同，相对于周忱态度更坚决，要求减免的意图非常地坚定，但再一次遭到户部的驳回。在奏章中，况钟不但要求减税粮，顺带对抛荒粮等科派问题进行了说明，争取一同减免，要求"其绝户抛荒田地现召人佃种，照民田起科"，争取把大量抛荒粮的税负降下来，也不准。宣德六年（1431），当况钟丁忧回家后，周忱再次把核减浮粮的事提交廷议时，《明宣宗实录》专门记载了此事："其（周忱）欲减官田古额依民田科收，缘自洪武初至今籍册已定，征输有常，忱欲变乱成法，沽名要誉，请罪之。上曰，忱职专粮事，此亦其所当言，朝议以为不可则止，何为遽欲罪之，卿等大臣，必欲塞言路乎？忱不可罪，余如所议。"从中，可以看出变革风险的巨大。

税粮是否足额征收关系到明王朝的正常运转，兹体事大。户部官员在与宣宗皇帝的沟通中肯定也是反复说明了其中的利害关系，否则宣德五年宣宗关于按比例减免江南税赋的敕谕早已施行下去了，宣宗也在反复权衡犹豫之中。《续文献通考》中就记录有："朝廷数下诏书蠲除租赋，持筹者辄私戒有司，勿以诏书为辞。帝与尚书胡濙言：计臣壅遏膏泽，然不深罪也。"财政改革牵一发而动全身，利益关系盘根错节，但此时与朱元璋时期江南减赋性质已完

全不同。迁都后，运费耗米的大幅提高无疑加重了本已超负荷的江南赋税负担，部分减免江南税负已是大势所趋，否则江南年年欠税的情况也难以得到根治。虽然这已成为部分官员的共识，但迈出这关键性的一步无疑又是非常之难，需要极大的勇气。毕竟有前朝苏州知府金纲因要求减免税粮而被杀的教训在，各级官员在面对关系朝廷正常运转的敏感话题上不能不有所回避，面临的改革阻力也非同一般。按常理，如果自己的请求一再遭到上级的驳回和反对，可能就放弃了。作为一名封建官员，况钟还是要维护封建王朝的整体利益，但他长期在南昌府靖安县做书吏，对浮赋重役区的域内社会经济矛盾洞若观火。苏州府曾经是元末张士诚的地盘，南昌府则是陈友谅的堡垒，都是明初朱元璋负气痛惩而加重赋税的重灾区，形成了较为扭曲的经济关系，加上地方利益集团的争持及日益严重的吏治腐败，如果不刚断明决，一扫诸弊，则历史欠账太多、清理繁难的问题永远也解决不了。

　　正是抱着这一想法，在奏章多次被驳回的情况下，况钟并没有灰心，丁忧复任后的次年三月，况钟再次挺身而出。正如他的老上级杨士奇所言："执守之固，千夫莫回。"这也是他性格中的突出特点，后人陈建谓之"卓持之才，鲜见其比"，这种不一般的见识与坚持成为一种异于其他地方官员的个性，使之成为当时官员群体当中的特质化人物为历史所铭记。此次他再上奏章《核减浮粮实数复奏》，采取的是先斩后奏的方式。先让各县依据宣德五年的敕谕，把应减免的税粮共七十二万一千二百三石九斗零先减下来，造册具奏，作足核减的准备工作，然后在奏章中据理力争，"臣冒昧奏请，不论古额与抄没官田，应照依宣德五年诏款，概与减除"。这样就把整个矛盾再次激化了，没有了转圜的余地，一时成为朝廷的热点话题。如果朝廷还按原来的政策执行，况钟将被扣上抗税及变乱成法的罪名，罪莫大焉；如果按况钟的方法执行，则税粮制度必将作出一个根本性的变革。在况钟等人刚硬决绝的态度下，朝廷不得不

况钟减赋图，取材于江西省靖安县况钟纪念馆

给出一个明确说法，加上杨士奇从中调解，最终算是有了一个令周忱、况钟较为满意的结果。宣德七年（1432）三月底，不到一个月的时间，朝廷颁布敕谕，其中说"近年百姓税粮远运艰难，官田粮重艰难尤甚，自宣德七年为始，但系官田塘地税粮不分古额近额悉依宣德五年二月二十二日敕谕，恩例减免，中外该管官司不许故违"。经过况钟不懈地努力，抗疏三次，突破口终于打开，江南减赋自苏州始，苏州得以减免税粮七十二万余石，苏州百姓放下了一个沉重的包袱。此项政策后相继在江南其他诸如浙江、江西等地推行。与此次一同减免的还有抛荒粮，减免税粮一十四万九千五百一十石七斗有奇，免苏州百姓集资买船送粮的负担十五万一千八百石。这样就相当于朝廷原先驳回的况钟所有的要求又全部作

出了准奏的正面回复，是对况钟在苏州施政改革的一个巨大支持，况钟因此在苏州赢得了极大的民望，民间"多立祠以祀"。同时，这也是苏州经济一个巨大的转折，为后续苏州经济发展奠定了一个良好的基础。

在况钟看来，苏州减税是他遵照宣宗皇帝"察其（民）休戚，均其徭役，兴利除弊，一顺民情"的要求做出的一件正确的事情，虽然事情难办，得罪了一些人以致影响了他去世后的盖棺论定。从内心来讲，他是非常满足的，因为他终于初步实现了自己曾经的诺言："吴江凋瘵最堪怜，敢不披诚吁九天"，自己的坚持有了较为满意的结果。从历史的角度看，苏州减税粮是当时社会经济关系的一个强力调整，极大地缓和了社会矛盾，使面临崩溃的江南社会得以有重建的机会，也使"仁宣之治"有了得以实现的现实社会基础。有的人认为这是水到渠成的结果，殊不知在社会转型的转折关头，第一个站出来为社会鼓与呼并付诸行动的人需要多么大的毅力与勇气。彼时"内幕亲知咸为公危之，而公弗止"，所面临的风险与挑战是一般人无法承受与面对的。在中国历史上，能直面弊病且敢于迎难而上的都是具有牺牲精神的一群人，改革有时是需要鲜血甚至以生命为代价的，并不是想当然。在苏州百姓看来，况钟减税最直接的成果，实际是给了他们以重生的机会，使他们避免了再次颠沛流离、背井离乡甚至社会的再次动荡，他们最朴素的想法是立生祠以报，把他当作天神来看待。

（二）

江南富甲天下，赋税也甲天下，而苏郡为最，其中的苛捐杂税名目繁多，令人目不暇接，正如苏州当地的进士薄实在给况钟的书信中所说："颜料军需百出，豪户揽头盘结，恣为奸利，不特以一科十而已。"苛征不仅有朝廷征派、皇家内官科敛，还有六部派收、军卫强征等，赋出多门，特别是因苏州的奇工巧技全国闻名，一些做工精致的布匹、器物等更使皇家及很多达官贵人趋之若鹜，一些本不是该地方出产的特产也首先想到在苏州征收。苏州俨然成

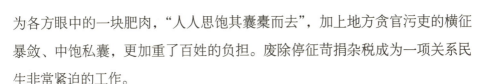

为各方眼中的一块肥肉，"人人思饱其囊橐而去"，加上地方贪官污吏的横征暴敛、中饱私囊，更加重了百姓的负担。废除停征苛捐杂税成为一项关系民生非常紧迫的工作。

况钟上任伊始就收到了很多关于征收中不合理的申诉，有些涉及面较广，如嘉定等县反映的苏州府借马一事。此公案本来是当年朱棣挥军南下时，江北各处驿站的马匹由于百姓逃难，丢失严重，为补充驿马就要求暂向地处江南的苏州府借马二百四十匹，以三年为期，本意是等江北社会秩序好转以后自行筹款再归还，原借马匹则归还苏州。但是多年过去，不但马没还，而且马匹若死亡，还要原出借者购买补足，临借变成了常年的公摊负担，一些生活本就贫困的家庭因此而雪上加霜。近三十年间，历任官员可能也有反映但就是没有得到很好的解决。上任当年，况钟就上奏请免借马奏，要求按原朱棣的旨意，"开豁前项马匹"，减免本就不合理的负担。经过一年多的争取，到况钟复任以后，此项要求得到了朝廷的准许。有个叫李让的百户带着旗军到长洲等地坐催木料，对地方好不容易从外地购买来的木材又百般挑剔，以不合规为由改收银两、绢布，漫天要价，每造一只船收银达到三千余两，如果地方上稍微迟误就被他们捆绑殴打。一些老百姓不得不把自己家里的农具、牲口甚至锅碗瓢盆都卖掉抵偿，弄得百姓不得安生。因军卫不为苏州府管辖，更助长了他们在地方上的胡作非为，地方上只好告状到苏州府来。况钟上奏要求工部对造船的费用重新进行审核，依照浙江海宁的造船标准，由苏州府统一提供相应的棕麻、油铁等造船用料，不能任由他们到地方超标准强征。这次朝廷对况钟的意见非常重视，不仅同意了况钟的请求，六部及大理寺等专门立案调查，"所言百户李让等害民，宜从行在都察院行移巡按御史，挨拿究问"。算是为百姓出了口气。还有一些钦差，经常借着上面的由头，到地方重复征收。如宣德六年，钦差王宠、范禄到苏州府坐买阔白棉布七百匹。本已按布一匹比价银三两，连同煎销亏折收足了银二千一百两，没想到第二年他们又到各县征收布价银两，重复科派。况钟就告了他们一状，"强要重复征

收，不惟有违法制，即目民贫何由措办？……并乞念非出产去处，永免科派，小民被恩，尤为便益"。况钟不为威势屈挠状告钦差的行为一下在朝廷传开。还有一些内官太监长期在苏州府为皇家采宝干办，或织造，或禽鸟花木，皆倚以剥，"虽太守亦时苛责不贷也"，其他官员更是动不动被殴打。况钟到任后，凡发现有类似的事情，他都予以抵制并与之作坚决的斗争。后来，以往来苏州气焰赫烈的权贵及中官太监，"及来苏，彼知侯名，皆抑下敛迹而去，噤不出一语"。一些莫名强加在苏州百姓头上的无谓负担也于无形中得到了免除。

对所属府县官员及地方粮长里老等任意加重百姓负担的情况，他也是发现一起，处理一起，严厉警告并贴出告示，鼓励举报，严打此类行为。上任后他就发布《通禁苏民积弊榜示》，"有等顽民，不务生理，专一包揽军需颜料，科敛害民，以一得十，侵欺入已，经年不纳；及官府催并实收，捏造人户拖欠，重新洒派小民者，许被害人指实来告拿问"。宣德七年他又出《严格诸弊榜示》，"买办军需颜料等项，各县官吏人等，多有通同侵收。已收者，捏、作未完；已完解者，捏作遭风被劫，又重复科，如此害民。榜示之后，许令悔过，首告改正。敢有仍前捏弊，或体究得出，或因人告发，定将犯人取问如律"。如织染局攒丝匠黄鉴等把造作局制造的军器物料等侵收归已，还将守护的人打伤，况钟于是对当事人"枷号示众"，贴出告示以儆效尤。

宣德九年（1434），常熟县实行了"义役仓"赋役管理模式，以应付上面的坐派及本身的里甲赋役。每甲（大约110户）出米五十石，把粮食存储于各仓场，由管区的粮长保管，每区再选出一名服众的里长一同现场监督，置立支收交簿二本，用印钤记，所有坐派照依时估，支拨买办合用，如有多余，下年支用，不够另行均摊。当他们把这个做法报告给况钟后，况钟认为这个办法好，说："有善不宜私，吾民当均被于天下。"该办法可以减免很多摊派时出现的侵欺敲诈和扯皮现象，减轻百姓的负担和骚扰，诸役透明且平均，以前那种"一切采办之部员、中使接踵而至，奸民复倚为利薮，以一科十，又不即交官，侵蚀重派，民甚苦之"的现象被基本禁绝，他及时向朝廷请示

后就在全苏州府推行了这个做法，并在这个基础上，把上年"运回剩米折纳物料"，也就是说将上年秋粮上交后余下的用于运费的粮米，在第二年的夏税中进行抵扣，以减轻百姓夏税的负担。"义役仓"的做法其实就是后来张居正时实行"一条鞭法"的雏形，苛滥尽除，官民两利，被当时的苏州人称为"救时之善政"。

（三）

在税粮的收储运等各个环节，他也出台了一系列办法进行规范约束，防止胥吏粮长等基层官吏从中作弊。明初实行的是粮长包收制，每个区域由当地的大户担任粮长摊派包收，类似责任制，不足要由粮长自负，收总后再由粮长按官府确定的纳税粮总数足额上交地方府库。这给了粮长压力的同时也给了粮长很大的权力，时间久了，大户欺压小户平民的事就经常发生，也给了大户侵吞甚至兼并土地的便利。明史学家尹守衡总结为：包荫（侵占）之患首在势豪，干没（贪污）之孔莫甚里胥。周忱有一次就对况钟说："长此，上与下俱困，可无所以通融检制之术乎？"也就是说要想办法改变和节制这两大难题。两人经过认真探讨和计算，决定彻底改革这一做法，"是年立法，于水次（水路交通道口）置场，择人总收而发运焉，细民径自送场，不入里胥之手，视旧所纳减三分之一"。他在水运交通要道设置纳粮点，粮长只管数字不经手粮米，粮米直接进入了官府粮库，减少了收纳环节和粮长收贮这一环节，效果也是非常明显的，一些有侵吞想法的粮长没有了作案空间。到正统年间，他还进一步改进征收办法，创新性地提出，以"金花银"或绢、布交纳。由于江南地区的农民除了生产粮食以外，还生产丝绢、棉布等纺织品。以绢、布折交，可以减少农民在田间的劳动负担，把有专业专长的劳动力从土地上解放出来。明初，明太祖朱元璋打击商品贸易，不允许用金银作货币使用，因此，使用"金花银"的规定，开辟了官方承认银子进入货币行列的先例。这一建议得到了朝廷的批准，4万石漕粮改折为100万两白银，既补足了赋税，又极大减少了民役负担。在度量衡上，统一制作了斛、斗、升、合等纳粮官用度量器具。在所有的度量具上"官与印烙桶斗"，打上官府的统一醒目标记，严禁私自制作度量器或套用其他量具，防止大斗进、小斗出，令粮官从中渔利。明确粮官对纳粮者不能有意"留难"，对纳粮与收粮者都要用各自的私记印章作好实物标记，记录收多少、放何处，便于府县查考，否则一经告发属实，便要治罪。通过透明征收监管，极力压缩了权力侵蚀的空间。收粮簿则一式三份，不许涂改，一式交粮户收管，一份送州府，一份存户部。针对苏州府范围内转运过程中经常出现的"有等无籍之徒，通同仓攒、斗级人物等，包收揽纳，虚出通关甚至伪造印信"情况，在与户部官员商量后，也是"编写字号，底簿一样三本，一本存本部，一本发各处府州，一本同编过勘合通关纸张，发该仓掌印官相沿交割收掌"。每个程序都有具体人的钤记，比对朱墨字号，方准作数。上任的第四年，他还对于远运至南京、临清、扬州等地的官府存粮出现的盘费折数多，追究无凭稽考存在糊涂账的情况，分地域远近不同，按包装、防耗防湿、搬运等不同的标准亲自进行测算，制定了详细耗米标准，将《设立纲运簿式示》颁发到各县粮仓。如运到南京各衙门俸米，一石正米另加耗米五升，运临清则要一石正米加耗七升等。纲运簿的作用就是"遇有前项耗费使用，著令即于附余数支用，逐一填写。文簿回还，查考定夺。如无支用，即将余米载回还官，不许借端侵蚀"。这里不妨摘录一段，从中可以发现况钟工作的细致态度非常值得我们现在的人学习借鉴。

　　南京各衙门俸米并公、侯禄米，每正粮一石，领去米一石五斗：内正米一石，斛面两尖米（防耗防湿专用及鼠害等）一斗，芦席米（铺垫装包）一升，上岸外脚钱米（搬运费等）三升，进仓里脚钱米一升，筛扬盘折（搬运耗损）米五升，预备米三斗。桶面以下若有增加，于此米内支用，明白注数回还查考。其剩数载回还官。斗级人（管理仓库的役吏）等有分外需求使用，亦仰注数查考定夺。

　　对各个地方载回剩米，他要求各地粮官会同地方计议，用于折纳百姓下年的夏税丝绢小麦等项，"著令民人尽力务农，其应办秋粮，粮长不许重行催征科扰，违者究治"，这又在一定程度上减轻了百姓负担。

据明史专家吴晗[①]的统计，况钟在任上每年为苏州百姓减免税粮达到一百五十六万石。这只是一个明面上基本的数字统计，很多的隐形负担及苛捐杂税、官吏大户侵吞所附加的负担并没有计算在内，那同样是一个巨大的数字。按明修撰张洪的统计更为可信，他说："太守况公自下车以来，铲除积弊，痛革横征，减秋粮倍收耗米二百七十余万石。"苏州每年负担含耗米在内达八百万石，相当减轻负担三分之一，可以想见况钟为恢复苏州经济的发展、培植地方财力、减轻人民负担是作出了巨大的贡献，这也是苏州人一直对况钟永志怀念的重要原因之一。

（四）

复任的第二年，况钟初步理顺了苏州府内部的经济秩序，百姓的农业生产积极性也得到了恢复和提高，招抚流民复业达到了三万七千多户，甚至一些以往对抗朝廷重赋、凭险据守的边远强民也归顺到苏州府名下，过起了正常的种田纳粮生活。但此时苏州百废俱兴、民力细弱，很多百姓往往在青黄不接时靠借贷生活，一些百姓为了生存下去不得不变卖牲口等农业生产器具，更有一些卖儿卖女，凄惨不已，况钟"问民疾苦，而深以为忧"，他把这些事向周忱作了汇报，周忱也非常同情这些百姓的艰苦，"思有以济之"，济农仓的设立便应运而生了。

宣德七年，苏州府秋粮获得了大丰收，正好朝廷有旨，准许以官钞购入粮米，于是趁米价平稳，购入粮米并允许富粮大户用余米充抵其徭役。苏州府共筹集粮米二十九万三石，分贮于六县，名其仓曰"济农仓"，专门用于赈济。为了扩大济农仓的规模，他们还采取运粮费包干的办法，让在北京的军

---

① 吴晗：浙江义乌人，现代明史研究的奠基人，著作有《朱元璋传》等。

赈济饥民图，取材于江西省靖安县况钟纪念馆

卫自己来苏州运输军米发放军队粮饷。当初周忱提出这个想法的时候，江南其他地方的官员觉得这个事很难办，况钟经过计算后却觉得这个办法好。他坚持这个想法，与周忱共同向朝廷奏请了这个思路，得到了上面的肯定，苏州府因此省下运粮费用四十万石，这样济农仓的存粮就达到了六十九万石。再后来他们更是在运粮支出上做文章，与管漕运的大臣陈瑄合作，充分依靠他们更为专业的运输队伍，运输费用得到了更大幅度的下降。往年一石正米分不同情况要运费及蚀耗一至四倍，其中的相当一部分都落入了地方胥吏官员的口袋，经过制度上的堵塞漏洞和几年的相关运作，每年的运费及蚀耗逐年降低，从当初的七成、六成降到了原来的五成，即使这样，还是有许多的富余运

费及蚀耗，于是就把这多余的粮食也拨给了济农仓。到后期，苏州济农仓的存米达到六百九十万石。

济农仓的粮食一是根据饥民其家庭实际人口、田地数量无息借予，到秋粮收获时再归还即可，对其中生活确实十分困难无力偿还的，则准予不再追索。济农仓条约中就有："每青黄不接，车水救禾之时，人民缺食验口赈借，秋成抵斗还官"；还有"孤贫无倚之人，保勘是实赈给食用秋后不还"。二是运输粮米途中有遇强盗或风浪不小心损失暂无力赔偿的也可以用济农仓的粮米先借，到秋收时归还。三是修浚河道等公益事业的征夫按人口数量供应粮米，不用归还。周忱在济农仓的作用上也说过："夫乏食者，验口支给食用，免致加倍举债，以为兼并之利，如此则农民有所存济，田野可辟，官粮易完矣。"从中可以知道，济农仓的作用不仅仅在于积谷防饥，更重要的是起到了社会经济的金融保底作用，防止社会财富的兼并集中，维持社会的基本稳定。明张洪就在《常熟县济农仓记》中记述了这种情况："当春夏之交，农民竭力畎亩而饘粥不继，未免出加倍之息资之富人，富人与之若投饵，谷始登场则勾取其子本，以仅存之余供倍徙之赋不足，又举而偿之，是以常赋未充甑釜已无烟矣！"为避免民间借贷大规模地发生，宣德八年（1433）春，针对一些地方百姓多无种谷的情况，况钟专门组织人员分头视察，采用劝借或济农仓放粮的形式，要求"均匀分给，务在周济"，确保百姓及时浸种。他还告诫下面的官员在做这件事的时候"务臻实惠，毋徇虚名"。在济农仓的管理上，"择县官之廉公有威与民之贤者，掌其帐籍，司其出纳"，凡是其中的内部规章条例及账目条约，都由况钟与他们共同商定，颁行各县，严格遵守。

宣德八年，苏州府发生了大旱，一百多万人的口粮出现了问题。依靠济农仓，况钟组织各级按人造册，验丁借粮，发济农仓米赈济饥民，"活数十万人"，全苏州百姓得以渡过难关，从而避免了百姓的大量逃亡与

社会危机的发生。大臣王直在他的《济农仓记》里记述了这件事情,他说:"往者,岁丰民犹有窘于衣食,迫于债负,不能保其妻子者。今遇凶歉,乃得安生业、完骨肉,此天子之仁,巡抚大臣之惠,我公赞相之力也。"

(五)

明公安派代表人物袁宏道曾任苏州吴县县令,他在给友人的一封信中这样描述县令的工作:"上官如云,过客如雨,簿书如山,钱谷如海。朝夕趋承、检点,唯恐不及。"而况钟上任时的苏州凋敝零落,经济已到了崩溃的边缘,面对蟠结甚固的吏弊、欠八百万石的赋税、百姓的大量逃亡,比之袁当时在吴县工作的复杂程度和难度自不可同日而语。但从况钟革减税粮的诸多改革举措当中,却可以看出他的从容不迫,郡事虽殷,理之绰有余裕,当时论者以为能吏。一个偌大的苏州在况钟的手里,调配得游刃有余,往往有举重若轻之效,按现在的话讲他是工作上弹钢琴的妙手、统筹全面上下结合的高手、善于抓住主要矛盾排解难题的能手。他总能在诸多纷繁复杂的事务中,分出轻重缓急,再对症下药,逐一解决。他在革减赋税上实施的一系列经济和财政制度的改革,推动了苏州经济的复苏和繁荣。正是由于这些改革,扭转了明代初年以来以苏州为中心的江南地区经济萎靡不振的局面,使苏州重新焕发了生机,所以《剑桥中国明代史》把他列入"改革家"的行列,把周忱和他列为张居正改革的先导。苏州人陆容在其《菽园杂记》中说:"(况钟上任后)二十余年,岁丰人和,汔可小康。"明人李孟吉的诗"民阜多新屋,年丰少秽田。湖山清入画,桑拓绿如烟"就较直白地描绘了这一景象。

革减税粮是况钟花费时间和精力最多的改革,也是触碰利益集团针锋相对的一次改革。其最重要的贡献与历史上其他有政声的官员不同之处在于,并不是他为苏州百姓做了多少好事,修了多少路,建了多少桥或是惩治了多少贪官,而是自上而下建立了一套行之有效的经济制度。这项制度下有托底(济农仓等),上有鼓励(抛荒田地免征),中有"平米法""金花银"等赋税征缴,它使得长期束缚于土地的农民有机会走出来成为自由的劳动力，提高了当时社会的运转效率，减轻了社会负担，彻底打破了"民间不得以金银物货交易"的洪武定例，赋予了地方政府定额足交后的自由裁量权，极大地推动了地方经济的快速发展。由于生产力的解放，比较公认的中国早期资本主义萌芽的发端就产生于明中期的苏州丝织业等手工行业，这使以苏州为核心的江南地区成为当时整个中国经济最发达的地区，苏州城堪称天下第一繁雄郡邑。当然他伤害了以户部为代表的保守势力，特别是在江南地区有利益后门的官商集团，他损害了江南豪门大户兼并土地及与官商勾结所带来的利益。这一点从后来周忱的遭遇就可见一斑，况钟去世后几年，周忱反复被告，不得不变相罢官回乡，郁郁而终。在封建皇权制度下，他们二人的改革可以取得一时的成功，但最终必然导致失败，这是当时的社会生产关系及所有制形式所决定的。但他们在江南地区的改革在当时还是有着积极的意义，极大地缓和了当时的社会矛盾，促进了地方经济的持续发展，给了百姓所迫切要求的比较安定的生活，受到了绝大多数百姓的欢迎。

　　改革者是伟大的，改革者的精神绽放着光芒，他们的身上所体现的悲天悯人的人文情怀，在改革中表现出来的大无畏担当和攻坚克难精神，必将得到传承，成为后世资治通鉴的有用教材。

平冤息讼

　　平冤息讼是况钟到任苏州知府后的一项涉及民生、治安的重要工作，也是苏州急需治理的一个顽疾。此顽疾由众多复杂的原因所导致，必须多管齐下，有的放矢。况钟从基层出来，又经朝堂历练，自然深知其中盘根错节的关系。他采用的是礼法并用、刚猛相济的路子，以严刑峻法惩治奸恶，以仁爱之心抚育贫弱。稗草除则嘉禾植，这是政治生态中最简单的辩证法，也是儒家思想中感悟自然的治理法则。从况钟的做法当中我们既可以看到朱元璋重典治国的影子，也可以看到儒家以礼为先、寓教于理的治理思维。他不失为明代礼法并重、明刑弼教的法治思想的一次有益实践。实践证明，况钟的做法在当时的苏州无疑是比较成功的，他为后面的苏州治理打下了良好的社会基础，其中处处体现况钟务实高效工作的作风。

（一）

　　况钟到任苏州知府不久就遇到很多拦路告状的人，其中规模最大的三批，分别来自苏州府周围及长洲县，人数达到一千八百多人。况钟细究之下才知道这些人本是苏州一府七县的民户，但都被冤枉充作了军户，不仅要失去土地，而且面临世世代代入军籍的问题。

苏州临海边防，在苏州及太仓都设立了卫所。卫所制吸收了历史上的屯田经验，是一种寓兵于农、守屯结合的建军制度。这些军户为世袭，且管理严格，除籍十分困难，除非丁尽户绝，或皇帝赦免。这些军户不能与普通百姓通婚，他们的子孙无权从事商业活动，也没有资格读书，农耕收成称"粒作"大部分还要上交，社会地位极其低下，实际上是皇权的奴隶，所以士兵逃亡现象从洪武年间就已经十分严重。

朝廷对卫所官员考核最重要的一点就是以士兵是否足额、有无逃亡为主要标准，这就直接导致一些官员想方设法把凡能作为军户的人都充实进来，如把原军户丁尽户绝的远房亲戚、义子、女婿或佃户等都拿来充抵，甚至把同名同姓者也作为军户强制入籍，很多人因此饱受酷刑，被逼当了军户。一些被认作军户的人如果跑了，他的邻居、亲戚甚至看管的里长都要受到牵连，苏州府很多人家就因此被流放或杖死。

从宣德三年（1428）起，在苏州府处理军籍的是御史李立，他为了向朝廷表功，无所不用其极，胡作非为，下面的一些府县官员又助纣为虐。如苏州知府同知张徽就是其中的一个典型，他物色一批"豪敢吏"作打手，把认为可作军户的对象找来，就一句："尔欲作军乎？作鬼乎？"稍有辩解则立马皮开肉绽，残酷对待，单吴县一县被冤枉充作军籍的就有四百七十三名，被杀者不计其数，当年冬天道旁"垒垒然如墩者皆尸也"。

况钟立马对此进行了认真的调查，并及时制止了非法的清理军籍行为。在收集相关情况后，把李立及张徽在清军上的做法向朝廷进行了汇报，把民众"拦街满巷，伸冤叫屈"的具体现状作了具体陈述，其中说："今用事之人，舞文法外，不择当否，悉驱罗网而驾驭之。其意以能为国家益数千百辈军，殊不知事体非宜，为国生怨，其失尤大也。"恰好松江知府赵豫也上书内容同样的奏章，引发宣宗朱瞻基的震动，谓"刻薄之辈徇私妄作，以致纷纷如此"，

下令对清军官员进行了撤换，况钟在苏州府也贴出《钦奉清军榜示》，其中说："民有冤抑，岂容坐视不言；政存公道，必先体究无辜……如有官吏、里老人等因而生事，仍复以民作军，指诈财物者，一体擒拿。"后来他又针对一些人冒充军籍，军民作弊转嫁税赋的问题作了进一步处理，对限期不改者，一律办罪。就这样，纠缠苏州百姓多年的清军老大难问题得到了很好的纠正，一千多名被冤枉的充军者得到了恢复，清军工作也走上了正轨。

（二）

苏州一府七县的吏治，经过况钟大刀阔斧、雷厉风行的整顿后，"吏民震悚，奉法惟谨"，官员们的办事效率也得到了很大提高，但官员们在处理政务时，遇到了一个大难题，一些累年遗留下来的未结案、假案、冤案处理起来十分棘手，涉及时间长，案件复杂，有的户牵户，甚至达到上百人之多，牵涉面广，内容五花八门，有些案子，由于"累年莫决，囚多死于淹禁（长期关押）"，家属便会要求平反冤狱。加上苏州人争讼是出了名的，一个普通简单的案子又可以无限牵涉，到宣德七年二、三月间，苏州府每日有一千多人来告状，填街塞巷，车马难行，不仅影响了府衙的正常办公，也严重影响很多人正常的生产生活。

新官如何理旧事？他让下属将各县案件逐一登记，分轻重缓急，排好日程，每日办理一县重大复杂的案件。他办理案件的情况可以从针对成均诬告他"淹禁死囚"的申诉中作一判断。他曾在给宣宗皇帝的奏章中这样说道："臣到任九个月，亲自过问轻重罪囚一千五百一十八名，并无冤枉。凡有告人，无不分辨是非……该绞、斩、徒、流等罪，对结收监，患病身死，有卷可照。"这样测算下来，每天要过问五个以上的囚犯，其中很多都是人命关天的案子，马虎不得，工作强度非常大，也说明他在清理旧案上花费了不少的精力和时间，效果也非常显著。不到两年时间，到宣德七

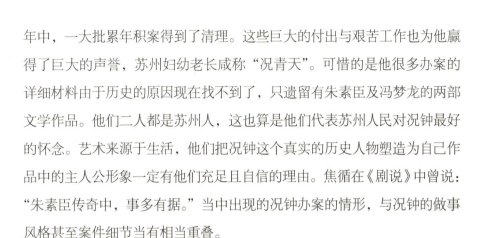

年中，一大批累年积案得到了清理。这些巨大的付出与艰苦工作也为他赢得了巨大的声誉，苏州妇幼老长咸称"况青天"。可惜的是他很多办案的详细材料由于历史的原因现在找不到了，只遗留有朱素臣及冯梦龙的两部文学作品。他们二人都是苏州人，这也算是他们代表苏州人民对况钟最好的怀念。艺术来源于生活，他们把况钟这个真实的历史人物塑造为自己作品中的主人公形象一定有他们充足且自信的理由。焦循在《剧说》中曾说："朱素臣传奇中，事多有据。"当中出现的况钟办案的情形，与况钟的做事风格甚至案件细节当有相当重叠。

在况钟去世的二百年里，苏州人民一直把况钟作为心目中官员的理想形象，通过各种形式来纪念他，甚至把他作为苏州城隍庙的庙神，树塑金身，"迄今数百年未之有改"。历史上也很少有在任苏州的官员能这样为苏州百姓所铭记，这是他们两人把明察秋毫的"青天"形象安放在况钟身上的大环境因素。客观地说，这是苏州人民多年集体记忆和情感聚集的艺术化再呈现。从这两部作品当中，后人似乎看到了况钟办案的影子。其中最为突出的有两点：一是他善于见微知著，从细小的蛛丝马迹中发现问题，找到案件的突破口。两部作品中都是他在一线现场认真勘查，没有放过每一个可疑的细节与物件，散落的几枚铜钱和一个被人丢弃的包裹最后都成为了破案的关键证据，反映了他严谨、细致和认真的一面。二是亲力亲为、重视调查研究的实事求是工作作风。在处理案件时，他不被表象所迷惑，多方访看调查，多方收集线索，多方听诊问断，综合各方，反对主观臆断。

昆曲《十五贯》在二十世纪五十年代经改编后，成为当时反对主观主义和官僚主义的经典剧作，受到毛主席和周恩来总理的高度评价。周恩来总理在《十五贯》演出座谈会上特别提到，这个戏不仅有重大的教育意义，而且有现实意义。到今天，我们还没有一个现代剧能够这样深刻地批判主观主义和助长主观主义的官僚主义，《十五贯》使我们的戏曲达到了一个很高的水准。1956 年 5 月 18 日，《人民日报》在头版头条发表社论《从"一出戏救活了一个剧种"谈起》，其中高度评价昆曲《十五贯》："丰富的人民性，相当高的思想性和艺术性，是我国戏曲艺术中的优异的成就。时光荏苒，几十年过去，这些观点仍然具有非常强烈的现实教育意义。"

《人民日报》社论图

（三）

为了解决好苏州好讼争讼的不良风气，况钟还从地方民俗入手进行引导教育，他重修苏州始祖泰伯庙，重在教化，时人谓之"旌德化俗之举"。泰伯是吴地的开埠始祖，也是吴文化的创始人，是周文王之父季历的长兄。为免兄弟相争，他主动让贤赴荆蛮之地，文身断发，示不可用，是为吴太伯。泰伯是当时吴地百姓的信仰，深入民心，具有强大的社会民意基础。

每至春秋二季，况钟与地方名宦、文人学士、里老耆人，到泰伯庙祭祀，吟诵祭文，跪拜祖先，传弘其德，使泰伯"揖让"的精神成为化解社会矛盾的道德基础，并通过各种途径进行宣传。苏人于是说："吾辈所争仅锥刀之末耳！何重贻郡侯之羞乎？皆相与俯伏庭下，自服其辜。"周忱也为此写了《重修泰伯庙记》对这一作法给予赞扬，文中大力宣扬礼让精神，推荐况钟的这一做法。况钟随后又相继出台了各种条谕及告示，以法规条例的形式彰善化民、治安息讼。如建立善恶簿制度，对各地为善为恶者，"取其尤者，照式开立，以凭稽考"，类似现在的先进榜及黑名单制度。其中既有对年高品正者的奖励、对读书人的优待、对孤寡良善之家的照顾，也有对黑恶势力的压制和惩戒，以此作为各地判断是非、行政执法的依据，解决了苏州存在多年的词讼繁复的问题。对词讼诬告、不务正业、坑蒙拐骗的行为坚决予以打击，如他在第一次复任的当年就发布《严革诸弊榜示》，他说："今乃博访民情，考稽事实，奸有未尽除者，弊有未尽革者，理合条陈禁约。"对域内出现的违法诉讼、官吏侵收、顽民作乱、篡改税粮人户图册等十二种违法行为进行了逐一申明，划定违法边界；加强民间调解组织的建设，各坊、厢、里重新修建起旌善亭、申明亭，强化乡间里老的选配，"革者民之无状者，选有德代之"，把民间的田土、婚姻、邻里、钱物、斗殴等纠纷化解在最基层，避免他们相互攀告。这样就把息讼与涵养地方风气又有效地结合起来，逐步形成"讼简风醇"的局面。

现有的《况太守集》保存有八十四篇他的各类奏章和条谕，仅涉及平冤

息讼的就有十分之一多。其中相当一部分做法都强调法度思维，有些甚至超出了朱元璋所颁布的《大明律》的范畴，如婚葬制度，对年已长成不能毕婚者、无主尸骨暴露者，乡都里老都要"从宜相助"。有些制度的变革触及大明王朝实行多年的现有成法，如限制越级控访、案件实行属地管理等，体现了他法吏、能吏的一面。历史上的循吏多采用"与民休息"的治理主张，圈而牧之就是很人性的管制办法了。而所谓"循"，即上顺王法，下应民意，罕有革新张扬之举。况钟更多地表现他进取的一面，凡羁绊不合常理者，他都要想办法进行改革以清弊源、顺民心，这与传统概念上的循吏有很大的不同。特别是当王法与民意发生矛盾与冲突时，他的目光更多地关注到王法的不合理性而加以改变。在这一点上，况钟与同期任松江知府的赵豫就显著的不同，循吏赵豫号为"明日来"，主张民间纠纷的自我调节以及社会矛盾的自我修复。当然，松江府的社会矛盾也不如苏州府尖锐，而且赵豫的杰出前任黄子威也为他打下了一个良好的社会基础。这就让后世的史官对他是否为循吏产生了困惑，这也是为什么《明史》给他单独立传而不放入《循吏传》的原因之一。这进一步说明况钟是一个不拘常格、勇毅改革的官员，这在保守氛围浓厚的封建社会官场是十分罕见的。

（四）

苏州是大府重镇，世家豪门林立，一直有当地巨大的利益群体存在。他们兼并土地，拖欠税粮，持官吏短长，挟制粮里，"稍欲催征，辄构诬词"。苏州又争讼成风，有一批专门靠词讼吃饭的"师爷"出谋划策，"往往不经本处官司，雇请幼男妇女作为家属，抱状或赍本辄赴北京。越控多连府、县官吏，所告动辄百有余名或数百名"。甚至在嘉定、长洲发生了杀害粮长的极端事件。一些地方官员对他们毫无办法，历任知府甚至巡抚也是非常头疼。宣德五年前，巡抚丰城人熊概用强力手段进行打压也未能动摇他们的根基。

越级控告曾是朱元璋鼓励百姓监督官员的有效方法，但由于制度设计的缺陷，被苏州豪门极端利用，进行有组织的控告，搞得官府疲于应付。那时信息交通又极为不便，使一个案子的审理折腾往返，耗费大量的行政资源。据况钟统计，自宣德五年到宣德七年九月止，两年间送到刑部及巡按御史审理查验的官司计四百二十二起，涉及的被告达到五千三百九十三名，还有告到巡抚周忱及苏州知府的官司，不计其数。"提扰农民不得安生，官粮不能催办"，这充分证实当时地方豪强势力的强大及基层治理中存在的混乱局面。因此况钟专门向朝廷上《请禁词讼牵连越控奏》，要求实行案件的属地管理，有需要送有司各部处理的，按例送达，这样"虚实易明，词讼可息"。朝廷采纳了况钟的方法，这使得巡抚一级有了案件的终审权利，有效地压制了越级控告的任意发生。

在案件的办理过程中，他又颁布条谕，规定一事一告，"如争田土，告理田土，如伤人命，告理人命"，不涉其他。凡军民俗务，不得越级上访，自下而上陈告，免涉无辜。凡罪犯确有冤枉，许令具状赴通政司击鼓鸣冤。凡民间诉讼，如户婚、斗殴等一切轻事，则由地方年高有德的耆老专一办理，进行调解。通过源头治理，简化程序，就使得一些人利用案件浑水摸鱼的操作空间大大压缩。针对这些有地方势力的人家，他还对很多违法违纪的人从身份上进行甄别，认为"身犯国宪的强半出自绅士之家"，特别下发《绅士约束子弟示》，特别讲到"更有等浮荡弟子，全然不务生理，或则穷日极夜开场赌博；或则戏房妓室，鲜衣怒马，淫酗撒赖；或则擎鹰斗雀，引类呼群，勾惹恶少，恣行为非；或则恃能识字，交结蠹胥，代人做状，扛帮词讼……绅士等家不能齐，何以治国？"要求各绅士之家各加检束子弟，如犯，并将失教之父兄惩治，"轻则拿问，重则钉解赴京，奏闻区处"。况钟说："父兄之教不先，子弟之率不谨。教训子弟，最为先务。而在绅士之家，尤为要紧。"对地方德高有威望的耆老，退休官员，他注重充分发挥他们在教化百姓，影响风气方面的作用。他自己是礼部官员出身，对礼的重视和熟悉程度非一般人可比。每至孟春、孟秋，他还要组织乡饮祭酒活动，请德高望重的人来主持或者作为主宾，推行尊老

爱幼、和谐向善、邻里互助的风气。吴讷①就曾作为主宾多次参加过活动。

对凡出现违反条谕的人和事，况钟均辅之以强力行政和刑法手段，不徇私情。他对"积年隶兵、罢闲吏典、主文刁民、势豪人等，专一教唆词讼，捏写情由，出入官府，结交吏胥人等"蠹政害民、恣肆不法的行为进行惩处，发现一起，处理一起，决不放过，"肃若秋霜"，甚至采取了一些矫枉过正的过激手段。明《昭代典则》就说"大抵钟为守，专厉豪狡，拊善良，势家恣犯法，立死杖下"。严苛的执法方式带来的另一个成果是由此凡所颁示，往往朝发令，夕即禁止，咸莫敢违。三十年后的成化年间，苏州名人杨循吉说："苏州至今，风俗淳良，则皆其变之也。"这是一个由衷且中肯的评价。

况钟在苏州的平冤息讼是对苏州百姓的痛点开展的一项有针对性的治理之举。他强调社会的和谐与秩序，注重法条的重要性。况钟为达到风醇讼简的目的，礼法并用，甚至不惜杀一儆百以建立制度的权威，在每一类事务的处理上都倾注了大量的心血与智慧，可以说殚精竭虑。现在苏州沧浪亭里的"作之师"大厅还挂有五百贤像，其中对况钟的赞语："法行民乐，任留秩迁，青天之誉，公无愧焉。"第一句就赞扬况钟的制度性建设得到了苏州百姓的高度认可。经过几年的精心治理，在其任内基本出现了"吏不敢为奸、民无冤抑"的良好局面。

---

① 吴讷：明江苏常熟人，曾任监察御史后任左副都御史，为官"敬慎廉直，不务矫饰"，遭人诬陷后以老致仕。"归家，布衣蔬食，环堵萧然"，过着清贫的生活。

兴修水利

苏州是水乡泽国，地处长江下游的太湖流域，古称"平江"，亦号"泽国"。境内渔港交叉，湖泊众多，其中最有名的有太湖、阳澄湖、尚湖、昆承湖等六大湖泊，是鱼米之乡也是水患频发之地。百姓的收成极端依赖农田水利建设，水利成为江南农业的命脉，古有"吴中之利莫大于水"之说。早在永乐年间，户部尚书夏原吉就被朱棣专门派来治理江南水患，使太湖流域成为整个明王朝最重要的税粮来源地。三十年过去，到况钟任苏州知府时，很多水利设施年久失修，很多圩岸坍塌崩坏，河道阻塞，水患已严重影响农业收成和百姓的生活。

况钟第二次到任刚两个月零七天，就把疏浚河道、兴修水利，改善农业生产条件提上了议事日程，要求"各县高低田地不一，河道有淤塞者，岸塍有崩塌者，该客官吏、粮里人等，随即修渠疏通，毋致误事，有妨农业"。根据百姓的反映，他亲自到河流阻滞、积涨沙涂非常严重的嘉定、昆山、常熟等县进行视察，与地方官员共商治河之策。嘉定县至昆山县之间的官河有三条，南接吴淞，东通大海，西面太湖，北至刘家港，三条河所经流的地方上交税粮达到七万多石。经过实地勘测，他采用了嘉定当地人卫阿驴等人的意见，若三河同时开挖，则工程浩大，故而先疏浚中河，省时省力且效率高。况钟就此制定了当年冬修计划，并把自己的设想形成《开浚河道奏》向朝廷作出呈报，河道疏浚后取得了良好的效益。

苏州内河现状

整修河道、兴修水利是况钟任职苏州这个江南水乡的一项极其重要的工作

　　宣德七年，这一年的四月四日到四月二十六日，苏州地域连续下了二十多天的雨。由于水道不畅、水势迅猛，长洲、昆山等七县淹没田地七千五百八十四顷，相当于七十多万亩田地，五月十三、十四日连续两天刮大风，又吹倒了不少的房屋，塘岸倒塌也很严重。况钟一边差各级官员督促抢救、统计损失，一边也在实地踏勘过程中思索如何提高抵御风险的能力。他决心对上述地区的河道及重要出水口进行一次全面清理，遂于当年六月上《修浚田圩及江湖水利奏》，报告具体灾情，并要求派遣大臣率领各地官员，仿照夏原吉的做法，组织民工疏浚。见朝廷没有及时回应，他随后又再上《请官治水疏》，开头一句便是"为东南水患，甚急！恳速遣官治理，以安民生事"。奏疏末说："今年久淤塞，一遇久雨，遂成巨浸，田皆没溺，民不聊生，国赋无办。臣叨知府事，敢不据实上闻！伏乞陛下轸念时艰，仍遣大臣董督各官于农隙发民疏浚。"朝廷看情势确实紧急，不得已，于是让周忱牵头，况钟协助，担负起治水江南的重任，"与钟计工力多寡难易以闻"。

　　周忱本来也在向上反映此类问题，接此任命，自然认真负起责来。在修治吴淞江这项庞大的工程当中，周忱与况钟经常到各个工地督促进度，解决问题。冬季里，周忱"督浚昆山、嘉定诸浦，时以马匹往来江上，见者不知为巡抚也"。况钟更是不遑多让，他配合周忱组织动员了几乎所有苏州府范围内的民夫，对河道及田圩周边的水道开展了一次大规模的冬修水利建设，清河除草、排淤培土、加固堤岸，对不利于洪水通泄的由世家大户私自修建的挡水闸坝一律强行拆除，"利泽普及邻壤矣"。诸如松江府、常州府等周边也因他此次冬修水利建设而受益。如在他的领导下，单常熟就先疏通了古铁塘，后又疏通了与震泽、阳澄湖连通的七浦塘等枢纽工程。苏州人张洪为此专门记述了此事，还表扬时任常熟县令郭南在冬修中"躬履其地，察其原委"的踏实作风。如此涉及一府七县规模的水利建设到了嘉靖元年（1522），才由工部尚书李克嗣再次大规

模组织起来，重修苏松水利又进入一个高潮，这已经是七十多年以后的事了。

宣德八年（1433）、九年（1434）苏州府又相继发生了旱灾。在这期间，湖荡河渠尽皆浅涩，潮水不通，况钟组织赈济饥民，造册施救，验口借粮。在此过程中，他几乎走遍了管辖范围内所有的受灾圩田。经过调研，况钟发现苏州府濒临湖海的水田由于圩围太大，差不多一个圩有六七千亩，少的也有三四千亩。时间长了，一些百姓在河内取泥壅田，导致圩堤周边的地势逐年增高而中间部位的地势低洼，造成圩中间的田地雨季排涝十分困难。因圩身渐高，到了旱季车水灌田就变得很不方便，往往要接力续水，浪费人力，效率低下。于是他组织府衙所有人员，统一下到各地进行测量改造，将圩田改造成五百亩左右的小圩，圩旁开凿一条泾河，使之与外面的河道相通。这样，圩内所有的田地抗旱排涝不再是难题，取用水变得十分便捷，田地收成有了保障。可喜的是，他还对因新筑圩堤和开挖泾河耗费田地的所有税粮，或免征或按圩内受益田亩均摊的办法给予解决，避免因圩田改造留下后遗症。可以说他考虑问题非常全面，处理问题认真仔细，免去了今后很多不必要的纠纷，避免了把好事办成坏事。

这期间出现了他"二离二留"的小插曲。在宣德八年十月，按明朝三年一小考九年一大考的规定，他第二次离任，到第二年春返苏，民众作歌曰："太守朝京，我民不宁，太守归来，我民忻哉！"宣德十年（1435），宣宗驾崩，正统皇帝朱祁镇即位。面临重大的人事变动，苏州百姓担心他离开，于是苏州府七县以当地县民秦孔彦为首共八万余人联名上书，列举况钟治苏功绩，要求他留任并作歌曰："公政惠我，公恩息我；父母畜我、长我、育我；我饥谷我，我困苏我；公去惨我，谁与活我？"况钟在见过新帝归来时，苏州百姓载道欢迎。

从现有的资料来看，他在任的每一年都把冬修水利作为自己全年的一项必要工作，做到了早规划、早安排。从奏章的时间流程也可以看出，他于每年的六月就开始筹划，把管辖区的冬修计划提前向朝廷相关部门反映，争取朝廷的支持，以便及时计算民力，不误工时。每年冬至，朝廷公办往文已处理妥当，"俟农隙之时起"，况钟就要动员府县官员外出，督导各地有选择性不间断地冬修，导泄水利，哪里的需求更迫切就先解决那里的问题。经过不断地投入民力，到正统元年（1436）的六年间，基本形成了较为完善的一府七县水利排涝灌溉体系，这为后续苏州府粮食的年年稳定增产打下了一个坚实的基础。

《续文献通考》中说："宣宗一从唐敏之言，再纳况钟之策，苏松水利靡弗修举。"明王锜在其《寓圃杂记》中也提到："初，郡多水患，公（况钟）讲求其利，无不曲尽，自后遂无垫没。"说明在况钟任内，水利建设工程只要有利于当地农业生产，他没有不尽力去做的，基本上应修的水利都涉及到了，这些新建及维修的水利工程数量，或大或小加起来，绝对不是一个小数目，可惜没有谁作过统计。这是一项浩大又细致的利民工程，明史专家吴晗就说："况钟极重视小事件，设想周密，不怕是小事，只要有利于百姓就做，对百姓有害的就加以改革。"在兴修水利建设这一点上也得到了验证。二百多年过去，到清嘉庆年间，诗人王嘉禄面对况钟在任时修建的苏州沙河塘圩田水利设施，见到它们虽经受数百年风雨仍造福地方，曾大发感慨，作诗赞道："堤成追白傅，塘筑拟新丰。"他把况钟比作在苏州府任职期间为苏州修建了山塘街的白居易和东晋时在丹阳筑八百顷新丰塘的张闿。这些工程都成为当地永久性的德政工程，如苏州现今白居易建的山塘街已成为著名的旅游景点，永远为当地人所铭记。

况钟后期，即使其他工作再繁忙，他最牵挂的还是兴修水利，他抓水利建设贯彻始终从未放松直到任终。正统五年（1440）十一月，况钟在苏州百姓的强烈挽留下第三次复任。这是一次出人意料的复任，本来朝廷已宣布了新的苏州知府杨衡，即将赴任，但苏州人民觉得很有必要把况钟再次留下来。为此，以直隶巡按张文昌为首，涵盖苏州名流等的一万八千人再次联名上书要求况钟留任。此举不仅打破自洪武开国七十多年来，苏州府知府无一人能

"三离三留"图，取材于江西省靖安县况钟纪念馆

任满的"魔咒"，而且三任苏州知府，三离三留。这一纪录，终明一代，在明代苏州一百零六任知府中无人能及，后世称之为异数。时已入冬，他来不及与前来欢迎的苏州官员及老朋友叙旧，立即就对苏州府管辖七县范围内的陂塘、闸坝组织了一次全面冬修检查。此时他的身体已经出现了问题。繁剧之地，长年的大负荷工作使他身体常感不适。他抱病深入实地，查看一府七县的重要水利设施，对发现问题的地方及时指定官员负责维修；同时又顺道到各济农仓点，对各地的济农仓收贮保管情况作深入了解，确保仓谷充盈，并把这作为自己复任的第一件大事据实奏闻区处。正统七年（1442）冬，况钟的身体已经出现了大问题，他在当年的七月曾再次上《病剧乞休第二奏》要求退休："奈臣年逾六十，心耗神颓，痰气冲逼，地广政繁，病躯实难以供职。"但未被准允，就在他去世的前三天，他

还冒着凛冽寒风在昆山、常熟等地抱病视察水利建设情况。回到苏州府后，他疲惫不堪，病情加重，当时正在苏州知府大堂与相关官员议事，突然一口痰气冲上来，呼吸受阻，无声无息离开了人间。

况钟的人生定格在了六十岁，定格在了他的工作岗位上。这一幕成为苏州人永远的记忆，定格在了他们的心中。

况钟兴修水利图，取材于江西省靖安县况钟纪念馆

热衷公益（苏州的桥）

　　况钟在苏州十三年，他在苏州内所做的公益实事涵盖百姓生活的各个方面。无论是公务用房、粮库、驿站、宫墙还是先人遗迹、人文景点、出行路桥等，都是他关注的重点，也非常乐意去做，有些还为此想了很多办法。其中的绝大部分都是从民所愿，作为民心工程来做的，即使是一些祠、寺、道观等也是作为风调雨顺的祈求地来建设。如修白龙祠时他还专门请内阁金幼孜写了一篇记文来说明它的用途，以贯彻他一贯"拳拳以爱民为心，切切以安民为本"的为官思想。

　　苏州现存的名胜古迹几乎都有他主持修缮的记录，如著名的苏州泰伯庙、范文公祠及文正书院、道前街的玄妙观、枫桥的寒山寺、伍子胥祠、崇本堂等，有据可查的初步估算约有三十几处，其他诸如各处边界驿站、旌善亭及苏州惠民药局等也都留有他重修的记载。清冯桂芬的《苏州府志》曾专门进行了辑录，是目前为止比较全面地介绍况钟任内所做公益建设项目的地方志，其中介绍他修建桥梁的记录最为完整。苏州的桥梁建设是他热心公益、为民造福的一个缩影，也是他在苏州"兴作之勤"的一个真实写照，非常具有典型意义。

苏州的桥是江南一景，是水乡苏州的标志。无论走到苏州哪里，都可以发现不少有年头的老桥，姿态各异，又极富地方特色。它们或玲珑精巧，或古朴沧桑，或曲径通幽，或突兀标新，或妙趣天成，很多是江南桥梁的代表杰作，它们与吴侬软语的精致都成为了江南山水文化的符号。更为可贵的是几乎每座桥都有一段故事，或传说，或神仙，或名人，或乡情。这种对江南桥文化的演绎成了中华民俗文化不可或缺的一部分。

桥成了苏州人的名片，自然也是苏州人勤劳智慧的结晶。但在苏州的历任官员中，况钟为苏州桥梁建设作出了重大贡献，无论是数量还是体量在当时可谓出类拔萃。

在现存的苏州府县志里，有历史记载由况钟主持重修或新修的有代表性的桥梁就有差不多十座，一些桥梁至今仍存，甚至保留了当年的影子。有据可查的如吴门桥、灭渡桥、齐福桥、胜安桥（桐桥）、府署桥、钱万二桥、南马路桥、水关桥、三里桥、富春桥（昆山高板桥）等。

苏州灭渡桥

苏州灭渡桥是苏州一座具有古老历史传承的桥，坐落在古城东南葑门外，至今保存完整，现开辟为旅游景点。灭渡桥由于地处当时的交通要道，历年修葺不止，况钟也曾对该桥组织过大规模的修建

《明代苏州的城市建设及其管理》(苏州大学教授吴奈夫先生著)提到:"入明以来,苏州各级地方官吏,新建、重建和重修的桥梁就有108座之多。其中由官府集资修建的桥梁就有47座,其余的也都是在官府倡导下,由里人捐资修建的。"也就是说况钟在任期间,差不多修了明代二百多年修桥总量的十分之一,这还只是有据可查的,如果加上由于其他原因导致修建工作在历史上不见记载的,肯定不止这个数。

况钟建的第一座桥叫府署桥,也称福民桥,是在他上任的第一年新建的。地点在现在的道前河上,现苏州人民大会堂前,也就是以前的府衙前。旧时衙门前的桥多以"福民"取名,取意"造福黎民",于是况钟就入乡随俗地取了这样一个名字,也算他的自勉。当年的苏州吏治腐败、工商困顿、百姓流亡、田地荒芜,一派萧条,简直就是一个烂摊子。建桥没钱,自然就只能就地取材,利用没收来的旧材建成木桥,而且非常简朴。由于工程量不大,该桥当年就建成了。后来的文人睹物思人,还曾赋诗一首记述此事以怀念他们曾经的父母官:"清官伯律著吴阊,爱掬甘棠不让仁。为政廉明恩泽在,造桥犹自福吾民。"

事实上况钟对修桥一直非常地重视,把它当作了自己一项惠及苏州百姓的德政仁政来实施。敕书中要求他"兴利除弊,一顺民情",而建桥修路自然是"免民涉病"的好事,当照办不误。

宣德七年,"丁忧"(中国古代回家为故去长辈守丧的习俗)的他在江西靖安老家接到宣宗皇帝朱瞻基要求他复任的通知后,到苏州开始了他的第一次复任。当年阴历四月初十日,针对百姓反映苏州存在的问题,况钟上任的第一件大事就是发布告苏州人民书,条谕为《严革诸弊榜示》,相当于苏州府一号文件,也是他的施政纲领。这个施政方略在他现今所有遗留下来的条谕中是最长的,内容涉及户口管理、诉讼程序、流民招复等十六个方面,其中也包括桥梁修理,并要求在苏州的各个路口及城门上广为张贴。内容提到:"节次给出榜文,前去各县张挂,俱系兴利除害,革奸去弊,切于人民急务。仰常用张挂遵守,毋致玩违,致取查究不便。"他还特别提出:"凡我阊郡官吏、粮里、军民人等，各宜遵守。"

对于桥梁修理，榜文中是这样说的："各处桥梁路道，遇有损坏，即为修理，以便往来，毋致误事不便。"现在的南马路桥，也称齐庙桥、朝天桥，位于今齐门外大街南端，宣德年以前是一座木桥，却是一处交通要道，达官贵人、巨贾名流、军卫士兵、贩夫走卒、学子仕女南北往来都要经过此地。因为年久失修，已经破败不堪、摇摇欲坠，百姓反映非常强烈，重修呼声激烈。但因工程浩大，单桥面宽度已达到四米，所需公帑巨额只有他这个知府来牵头才做得成。

在与巡抚周忱商议后，宣德七年末到宣德八年间，重修工程开始筹划并动工。况钟亲力亲为现场办公，筹备各类建桥材料，前后历时二年多，将之重修成了石板桥，安全系数与质量级别都上了一个台阶，极大地方便了往来交通，成就了一件便民好事。吴郡士子吴信中多年后观此桥感叹："公之政，史乘垂之，公之名，妇孺知之。"况钟就是在这样一件件为民办成事的过程中累积自己的"青天"声誉。

在保护和管理全苏州一府七县的桥梁方面，况钟也做了很多针对性的工作。他发现长洲等一些地方的桥梁有人为损坏的迹象，"访有等无籍之徒，意贪肥已，故将桥梁折毁，乘机用船撑渡，取觅钱物者亦且有之。盖因桥邻人等，不用心看守，故纵折毁，以致往来跋涉，民受其害。若不通行，修理禁止，深为不便"。还有一些桥梁存在因自然破败或有人乘机讹诈的情况。宣德八年九月初二日，他特别颁布了一道《修理桥梁示》，要求加强桥梁的管理与修缮工作。条谕中说："凡有桥梁崩塌损坏，随即修理坚固，不许用船撑渡。仍严出告示，仰桥邻协同看守，每月差铺长（联防队长）巡视，如仍蹈前非，定将当地粮里（村主任）、老人（村调解员）及桥邻人等，一体拿问不恕。"

自从用"霹雳手段"大力整顿吏治以后，苏州当地官吏领教了况钟雷厉风行的工作作风，自然不敢造次。下级的官员差役更是一个个打起十二分的精神，尽心竭力出差办事，了无二心。此后，苏州的桥梁建设和管理与其他

各项"民心"工程建设都进入了新的时期，各地掀起了修桥补路的高潮。一些官员也因这方面的功劳，加之一贯表现良好，被况钟推荐后破格提拔任用或重用。郭南和吴江县令贾忠就是其中最有代表性的二位。

郭南是常熟人，据康熙重修《常熟县志》记载，他在担任吴江县典史时，因负责修建吴江长桥有功，被提拔为常熟县主簿。其间，他又先后负责抚民与管粮，史称"兴利除弊，政通人和"。宣德九年，正好常熟县令出缺，况钟于是与巡抚商量，共同推荐他直授常熟县令。任职期间，郭南兴建学校，拓建了县儒学的明伦堂，新建了泮桥、石梁桥等，后又为常熟县学购入新地建社圃及观德亭，为当地做了很多实事。况钟为支持他做实事，还特地拨款为常熟县学新建了两斋（学堂），即经义斋和治事斋，以示嘉奖。

贾忠，河北冀州人，以廉明勤政著称。他也是一个非常重视地方基础设施建设的官员，在任期间为吴江县做了很多的公益事业。宣德五年，他重修了当地有名的仙里桥、大名桥，从而引起刚到任的况知府注意。况钟吏治整顿，他继续留任。宣德十年，诏加从六品。

在况钟的倡导下，桥梁不断修缮建设，渐成网络。一些长期得不到维修管理的桥梁由废到建，成为方便百姓往来贸易的条条坦途。这也从一个侧面反映了苏州正在经历一个由衰到兴、由乱到治的过程。苏州正慢慢恢复着因朝代更迭而受损的元气。在现今江苏昆山玉山镇北后街与东塘街交汇处，富春桥至今还挺立在东塘河上，基本保持了明代的原石原料与风格，为并联式青石拱桥。这座正统三年（1438）由况钟倡导、当地人黄彦修主要捐资重修的石桥保存到了现在。据光绪《昆新两县续修合志》记载，桥下还有当时巡抚周忱与知府况钟的题名，实是宝贵，也是当时修桥热的一个历史见证。在船来橹往的苏州河上，一座雕栏新桥横跨南北。正如白居易诗中所描绘的胜景："绿浪东西南北水，红栏三百九十桥。处处楼前飘管吹，家家门外泊舟航。"在其后陆续几年中社会安定，地方经济实力也得到加强，一些重要的桥梁相继重修，觅渡桥、水关桥、齐福桥、胜安桥……犹如一道道靓丽的彩虹，为江南苏州的水墨画卷增添了无数妖娆，也极大地满足了人们的出行需要，为苏州经济的发展注入了新的活力。

这些桥梁无一不是苏州的标志性符号，也是苏州的文化传承，如钱万二桥。据《宋平江城坊考》，相传宋朝初时，该处原本无桥，河两岸居民靠摆渡往来，极为不便。有河东财主逼钱姓佃户卖女，欲纳为妾，女提出造桥，桥成，女投河自尽。有诗为证："不爱金钱不辱身，愿为邻里便行程。千金换得飞虹架，步步石阶垂泪痕。"后人觉得"卖女"听来刺耳，用地方谐音改为"钱万二桥"，故事流传至今。该桥作为具有地方文化特色的建筑，也是往来主干。正统年间，况钟看到此桥柱塌倾斜，已危及往来人员安全，便由自己主持，采用各方筹资的形式重修了此桥，使这座桥成为苏州原阊门至长洲县的标志性交通要道。

从他第一次复任到正统五年，十年光阴荏苒，知府况钟已第三次留任苏州了，苏州百姓舍不得他。

在况钟卒于任上的最后几年，他已经患上了"痰气冲逼"之症，远程行走已成为一件有困难的事。可公务繁冗之余，他还在与巡抚周忱商量他的另一宏伟工程——重修宝带桥。苏州曲曾唱道：

宝带桥头慢啄花，金阊门外柳藏鸦。

吴姬卷慢看花笑，十日春晴不在家。

这座始建于唐代的中国名桥，有苏州"第一桥"之称。在大运河上，它与周边的景色融为一体，成为当时有名的旅游景点。阳春三月，不论往哪边看，都是一幅幅不同的江南春色图，且四季换位移景，各有妙趣，别富诗意，吸引了数不清的文人骚客。但因年久失修，该桥到明正统时已呈破塌之象，不得不重修。

早在正统初年，况钟就曾与周忱商议，想动工重修宝带桥。奈何水面宽阔，桥面距离长，所需钱粮浩大，无从筹措。现有的府库粮草银两左支右绌，实在是腾不出更多的财力。在他的不懈努力下，经多方筹措，事情终于有了眉目。此时，江南几年都风调雨顺，苏州府的财力也有了明显好转，东风俱备。他

多次与周忱提及此事。恰在此时，因身体的原因，他走到了人生的尽头。正统七年冬，一代清官永远地在他的府衙里安眠了，他再也没能看到重修一新的宝带桥。

到 1446 年，在他的上级也是挚友周忱的带领下，在新任知府朱胜的大力协助下，几经接力，宝带桥终于全部完工，完成了况钟生前的最后一个夙愿。史载其："洞其下凡五十有三，而高其中之三，以能巨舰。"一座五十三孔石桥犹如长虹卧波，也似一个巨人匍伏，在永远地怀念着这位为苏州人民奉献自己毕生心血的"青天"。

醉心文教

苏州枕江倚湖，历来民殷物繁，经济发达、文化昌盛、人文荟萃，是名家辈出的地方。明初，苏州府管辖人口就达二百万，是名副其实的大城市，比当时的直隶南京府人口还多一倍，地位与当今的上海、深圳类似。况钟于宣德五年五月赴苏州任职时，苏州无论经济还是文化都处在一个相对衰落的时期。在前后共十三年的任期里，况钟不但整肃吏治、减轻赋税、发展经济，而且在推动文化教育兴盛的工作上不遗余力，为苏州的全面发展作出了承前启后的贡献。一些那时建造的文教遗迹现在还有留存，其个人也留下了很多温馨的人文逸事，成为姑苏文化的一部分，很多事迹值得现代人学习效仿。

况钟小时受家教的影响，好读书爱读书，在家乡江西靖安也曾立志科举，县令俞益中断了他的科举梦，让他留下了一辈子的遗憾。虽经后天努力，勤奋学习，他的文章书法都达到不错的水平，但因条件限制没机会进入正式的学堂深造，况钟总觉得自己身上缺少些什么。这种教育上的缺憾让他对文化教育具有了天然的亲近感与补偿心理。到苏州后，他对文教格外热心，自然对人文也高看一眼。十几年里,他把文化教育作为一项重点工作费心尽力。到任的当年十月,面对教育的颓废,况钟就下颁《各儒学榜示》,其中提到:"苏州古称人文渊薮,名臣经济忠节儒行,史册昭然可考。多士生长其间,诚宜鼓舞振兴,积学端品,以绍前休,以图进取。"要求各地重视教育发展,励精图治,以继承和光大先哲的事业,榜示中他还要求对品德好、知识广、可为朝廷任用的人才要向上推荐;对德高望重的学士要厚待;对"朋奸害民,抗粮包讼"等违法乱纪的文化人则依章处理;对教学人员则提出务严职守,并要求各乡耆缙绅共同监督,以正教风。这个文化教育思想在况钟后来的任期中,始终一以贯之。他在治政过程中,不仅采取措施兴文重教,逐步完善各地的教学设施,还推荐了很多优秀的人才。他与吴地的文人学士关系也非常融洽,始终有一种包容与厚爱,非常重视和尊重他们的意见和建议,特别是与后来形成吴地文化高峰的一些开拓性人物都有不俗的关系,与他们诗词唱和,照顾有加。

丁忧复任后,宣德七年,他请巡抚周忱视察吴县县学。吴县是当时苏州一府七邑的大县,也是经济文化活动中心。县学在县城的西南偏僻一角,地势低洼,校舍简陋,阴暗潮湿,遇雨积水严重,一些校舍的墙壁都浸水倒塌了,况且紧邻军营,操练之声嘈杂于耳,生员们难以静下心来读书。周忱、况钟听取各方意见,在县衙的西南面找了一块"高爽平旷"之地,面积差不多是旧学的四倍,决定在此修建一个新县学,此举得到了吴县士子们的欢迎。

位于苏州府中心地带的吴县儒学尚且如此,其他县的儒学那肯定也好不到哪去,更不用说再基层一级的民办社学。认识到问题的严重性,况钟在当年四月初十下的《严革诸弊榜示》中专门提到这个事情:"学校、文庙两庑及明伦堂、斋房、厨库等处,提调官吏常加省视。遇有损漏,即令补葺,毋致崩坏不便。"至于其他对这类事务的检视或有关改善教学与管理方面的安排,历史记载还是有的。比如明编修张洪在《张太史赠太守况公前传》中曾说:"增修学校,保选师儒,令行禁止,气象为之一新。"又比如况钟在宣德七年五月

还曾专门上《保荐教授奏》，保荐本学教授李琦，评价他"训迪有方"。还比如在《明朝的苏州采风》中提到，况钟曾要求"膳夫纳钱于师生自办供给"，给予师生办学更大的自主权，政府进行适当的资助。在周忱的支持下，把各地丈量多出来的良田土地给予当时庙学作为公田，补助学校的经费缺口，说明其中做了大量细致工作。

办学是一件大事，也是一项大工程。在得到朝廷同意后，况钟与周忱多方筹措建学经费，如将济农仓里这几年积累下来的苇席收集起来，换购成五千石大米。五千石米在明早中期相当于一个县令六十年的工资，这在当时百废俱兴的苏州是一笔巨款。凡是工程材料、陶泥瓦石及泥木工的工钱都用这笔钱来支付。该工程由况钟亲自负责，由当地有名望的王思信等人组成具体承办人员。新吴县县学于宣德九年十月开工，经大半年的时间，在第二年的五月全部完工，房屋以间计达到二百三十多间，门庑斋舍规划功能完备，"享礼有殿，讲论有堂，藏书有阁，宴休有亭"。内阁大学士杨荣对此专门作《吴县儒学重建记》加以记录，并在记中对这一不增加群众负担的民心工程作了充分的肯定，说这项工程"材用坚而人不知费"，不仅质量完美而且不动声色地就完成了，且让老百姓感觉不到负担。文中表扬周忱、况钟"不负圣明造就作养（教育培养）之仁"。

就在吴县新儒学开建前一个月，况钟还应苏州学士韩阳、胡季舟的请求，欣然在宣德七年重阳作《苏郡儒学先贤祠记》，"于古不可无文示诸将来，书此请予为记，以勒诸石"。文中记述了宋朝苏州办学第一人范仲淹等为苏州文化教育事业作出重大贡献的人物事迹，以"尊贤励俗"，提出了办学的重要性，"育贤为致治之本"，激励后人重视和发展教育。碑刻立在当时的苏州府学先贤祠，后遗失，但道光《苏州府志》保存了碑刻的文字内容。

修建完吴县儒学，况钟又把目光瞄准了苏州府学。作为一府的最高学堂，府学的重要性不是县儒学所能比的。虽然在永乐二十二年（1424），府学内的大成殿还重修过一次，但仅是作了较为简单的维修，苏州府学到宣德末年已是"堂宇卑俯",非常破败。重建苏州府学的紧迫性在况钟的心目中是非常重的,只不过它的花费更多,经费筹措不可能一蹴而就,所需耗费的精力更甚,所以前后所花的时间更长。整个府学包括基础围建及儒学先贤祠等学堂附属建筑,重建工作前后进行了三四年,"次第其事"。在正统元年,大成殿及两庑建设完工了。大成殿完工后,第二年修建了至善堂及后堂,第三年又修建了明伦堂、斋舍及射圃等工程。按照况钟老乡胡俨在《苏州府重修儒学记》中所说,"经费所需咸得变通之宜",整个府学"丹碧辉映,光彩聿新"。他还说:"其(况钟)善政既已诵于吴人而斯举尤为知务。"说明这件事的影响是很大的,在苏人的心目中属于标杆性的事件。其中的(苏州文庙)大成殿保存至今,面宽五间,有副阶,进深四间,重檐原殿顶,前设露台。虽说后世还有整修,但都是在况钟的基础上进行的翻修,整体风格还是明代样式,算

苏州文庙内景

得上是一项千秋工程。况钟去世以后，苏州所建况公祠就选在了苏州府学内，说明当时社会普遍认为况钟"功在学宫甚巨，故祠于此尤宜也"。

苏州府学的规模有一百多间，况钟在原来的基础上作了适当的扩建，虽然数量上不及吴县儒学，但就个体建筑而言，规模要大很多，单大成殿的规模就仅比当时整个苏州府的最大建筑玄妙观差一点，排名第二。明朝苏州史料记载，每次重大的活动，如修桥、立庙、建学等，苏州府学及吴县儒学无论在投入还是规模而言都是排在前列的。两位当时的重量级人物，一个相当于当时"总理"的杨荣，一个相当于当时"教育部长"的胡俨，由他们专门为重修苏州府学作记，说明了事件的重要性。另外，冲钟还与巡抚周忱做了一件当时可算是教育改革的大事。正统三年，他协助周忱在太仓设立卫学，这是全国第一批卫学。这之后在甘肃等边疆地区才慢慢开始设立卫学，允许军籍子弟读书。本来军卫是不允许设立学校的，这是朱元璋时期立下的规矩，但况钟与周忱倾听当地百姓的声音，经过侍郎徐晞等人努力，待正统皇帝即位时争取到朝廷的支持，打破了这条红线。自办学以后，太仓读书之风始盛，"仕进者辈出，文物渐胜于昔矣"。

与况钟热心于苏州教育的硬政绩相比，他对各地儒学的管理也值得称道。祝允明的《九朝野记》曾专门记述了况钟与学校及师生的关系："况君于庠校师徒加礼，至讲诵校试，多不亲事；朔望，谒先圣，后亦不命讲，曰：'某本刀笔吏，未尝事坟籍，不能妄教习。所能者，旌别勤惰消长耳，诸君幸自勉。'"即他对学校的师生非常厚爱，也不对教学指手画脚，到庙学祭祀先贤时也不作重要讲话，说自己本来就是一个没文化的小办事员出身，没读过什么经典，不能乱说，自己擅长的就是事务管理。他在老师学生面前把自己放在一个较低的位置。

他给予学校足够宽容的教学环境和力所能及的支持，更多地让学校自我管理、自我教学，极大地提高了师生教与学的积极性。对于学校提出教材不足的问题，他也给予较大的财力支持，如刻版印刷《四书详说》。这本书在苏

州直到明后期还有较大的影响，很多学校都用它作为教学的必备教材。在编刻马融《忠经》的过程中，一些儒生认为马融的节操有问题，况钟却认为不能因人废言，马融的节操是有问题，但他的书还是有用的，"此书可传"，还是雕印出来吧。他还请府学教谕韩阳作了序，这个人后来做到了广西布政使，相当于省长。况钟对待来访的师生，"待物以仁，遇士有礼"，"师徒每入郡白事，必延之内堂，坐而啜茗，谈笑愉然不衰"。况钟和他们喝茶聊天，畅想苏州文化的未来，呈现一幅融洽的场景。《况太守集》中曾这样形容他在士子们心目中的地位："仰之如泰山北斗，企之如景星凤凰。"据《苏州府志》载，正统三年，吴县儒生中有三人中举。第二年，施槃廷对擢第一中了状元，这是明中期苏州第一个状元，可以说是况钟到任八年以来文教上的一件大事。这年的四月十日，苏州士大夫们特意把知府况钟请去，摆酒庆功，感谢并祝贺况钟的功劳，其中很多参与的文人士子都作诗以贺，成为苏州府传记里的一段佳话。现存于苏州施槃纪念馆的《贺况郡守建吴县学出状元诗并序碑》就记述了此事，原碑至今犹存。苏人历来是非常清高的，他们愿把所有的功劳都归为况钟，说明他们是从心底里感激与佩服这位来自江西靖安的知府，这也充分证明况钟在为苏州人的文化教育事业做出了不朽的业绩。

就他与苏州学士的个人关系，史料中没有看到他与哪个文化人交恶的记载，而与他们诗书往来则非常多，关系更加融洽，也更加为人称道，在《况太守集》里保存的几百首诗词，很多是苏州文人学士的赠诗。苏人自入明以来，人文就自成一体，从高启、倪瓒以来自有志趣，与统治阶层始终保持着一定的距离，一些人甚至视官场如刑场，所以融入这个群体是有一定难度的。况钟从入苏以来，便与这个群体一直保持着密切的联系。这里从他与两个人物的关系就可以看出来。一个是杜琼[①]，人称东原先生，地道的苏州文化人，他

----

① 杜琼：苏州人，明吴门画派先声人物，文学家、藏书家、史学家，为人清高，终身不仕，时人视为隐逸。

是沈周父亲沈恒吉的师父。沈周是明代中期文人画"吴派"的开创者，与文徵明、唐寅、仇英并称"明四家"。唐寅、文徵明则又是沈的徒弟，单从这一关系就可以看出杜琼的分量，是苏州文化人中的代表性人物，祝枝山曾称赞他"肥好之真"，意为人品纯正淳厚。另一个是刘珏，明代早期文人画家，据《常昭合志》载，"刘郎书高画亦高，当代不独称诗豪"，号称"刘八句"。《明画录》说他"为官清廉，政声甚著"。他是吴门派前期的重要画家，也是才华横溢的诗人，他与杜琼二人为明代中后期吴门派的勃兴起到了承前启后的作用。这二人受况钟的影响很深，先后受到况钟的推荐。刘珏受推荐的时候说，自己想继续读书，走科举的路子，况钟没有因刘珏未走自己所走过的人生路而心生芥蒂，反而称赞他心有宏图，立刻让他到县学做生员专心读书。正统三年，刘珏就中了举人，后来做了刑部主事，迁山西按察司金事，相当于一个省的副检察长。任上他与况钟一样反贪拒腐，故事多多，留下了很好的口碑，五十岁以后辞官回苏州专攻诗画，在苏州当地艺术影响很大。杜琼更是二度受到况钟的推荐，让他出来为官，但他坚辞不受，一直醉心于他的诗书画。王麦穗在《东原集序》中谈到他在吴地的影响，"所至，人望之若绮皓，郡县大夫延礼宾致恐后；缙绅之行，过吴下者必造请其庐，而贩夫樵子皆知"。况钟对他们年轻时作出的人生选择都没有横加干涉，而是极力扶持与帮助，表现出足够的宽容。

　　况钟每遇大事，杜琼是必到的客人之一，也是交往非常频繁的知心人，关于况钟去职、复任及再任，甚至况钟的家事，杜琼都曾作诗以贺。如送别时，杜琼曾道：

> 铃阁几年德化优，一朝报政入皇洲。
>
> 讴歌共说来何暮，送别还嗟挽不留。
>
> 猎猎双旌飞映日，翩翩五马去如流。
>
> 承恩早晚归来日，又看争迎郭细侯。

　　诗中的郭细侯是汉光武帝时期一个有声望的官员。后来况钟第三次离任，当时苏州很多名人甚至老百姓都作诗挽留，他也作诗以记：

> 十年勤政治功优，五马朝天去路悠。
>
> 千里化行齐渤海，五湖争慕识荆州。
>
> 民心再请安吴郡，特上日重出凤楼。
>
> 职任专城推第一，停看绩绍传和周。

况钟那首著名的《拒礼诗》就是那时所作，其中的"清风两袖去朝天，不带江南一寸绵"是况钟的有感而发，成为千古名句。不承想况钟复任不到三年即因病去世，这让杜琼十分伤心，在况钟的葬礼上，他赋诗道：

> 十年威令能移俗，百道封章不顾身。
>
> 苏台重见羊公石，未读遗文泪满绅。

其中的羊公石是清廉有德的代名词，"百道封章"则是说况钟屡上抗奏，为苏州人民减赋的故事。一直以来，苏州人也都把况钟的这份功德作为对苏州的最大贡献，是他将苏州赋税从一年二百七十余万减至一半。直到改朝换代到清朝，苏州人还在念叨况钟的这项功绩，可见苏州人对况钟的怀念与感激。"未读遗文泪满绅"显现出他们之间真挚的感情，一定程度上代表了况钟在苏州文人心目中可亲可敬的形象。

至于况钟在苏州读书人心目中的形象，有一位苏州学子曾这样赋诗道："治郡才华过古今，清芬美誉播词林。"在当地文化人心目中，况钟的社会印象非常好。何况况钟对诗书也非常有兴趣，闲暇之余，常着宽袖儒生装束，与当地文化人诗作往来唱和。现在还保存在江西省博物馆的《秋江送别诗叙》最有说服力。他的大儿子况宁到苏州省亲，临别时，苏州文人也来送别，无物可送，只能各志诗以别，把自己的情感与心声化作纸上丹青。当时不仅杜琼在场，还有著名的画家何澄以及诗人钱昌、李让等，其中号为竹鹤老人的何澄有四句诗最为生动：

> 行李全无金半寸，诗囊唯有字千行。
>
> 故乡有问尊翁事，为说忧民两鬓霜。

《秋江送别图》：现为江西省博物馆馆藏国家一级文物，讲述了况钟严家教、讲清廉的真实故事

（文字识读）秋江送别诗叙。礼部郎中况公奉敕书出守吴郡，子定观每于岁时，以田园水土物自靖安来省其父。留侍未久，受命辄归。其来也，惟郡中谨厚人，深沉有学之士，得与交往，余人罕识其面。惟归也亦然。余处属邑，虽景慕之，老病不能即询仪表，于所知佥曰伟乎其容，肃乎其恭，辞简而理备，举止详而不烦，与人和而不失其流，持己严而不越乎礼，绰有父风，称其为名家子。况国文简公德泽二伯，高尚之风，汯汯乎未已也。余曰：况公福吴郡，子孙将食其报，岂止金绯被体，德化流行，荣其身名而已。自况公言之，为其所当为，无所希觊。自吾于静处观之，知其人事不能外乎天理也。今闻定观之为，自谓其言必信。定观既来省，秋将告归，郡人苏知州性初，以谨厚文学与定观游。于其归也，绘秋江别意图，哦诗以赠之，嘱余为之序。余谓省亲者，人子之至情，不深原其理，无以慰其思，老者不可无言。赠别者，朋友之高义，不动荡其心，无以通其志，诸公不可无诗于斯时也，蒹葭之露未晞，青枫之叶沃若，棹歌激扬，鸥鸟散乱，再觞再泳，且笑且歌，洲渚之间，与画图中无异，亦乐事也。序而引之，诗凡若干首。致翰林国史修撰事承务郎东吴张洪叙。

《秋江送别诗叙》不仅形象地说明了况钟的家教之严格，更说明了他与苏州同僚及士绅之间君子之交淡如水的真诚友谊。

虽然杜琼、刘珏推辞了况钟的推荐，但受况钟推荐的士子还是有很多的，一些人还得到了他的资助。其中，"景泰十才子"之一的邹亮就是非常典型的例子。他曾向知府况钟写了《庠生邹亮上太守求荐达书》，希望得到况钟的推荐，此时邹亮三十一岁。邹亮善工诗文，有《鸣珂集》传世，况钟正是看中了他的才华因而不畏谗言将他推举给朝廷。邹亮也真不负况钟的期望，为人谦虚谨慎，从吏部司务做起，后来做到了监察御史。说起当时有名的"景泰十才子"，是明早中期一个知名的文学团体，他们中近半是苏州人或居住在苏州，这些文人以苏州人刘溥①为主盟，从正统初就经常在一起互相探讨，人数从开始的四五人到后来的十数人。随着经济的稳步发展，当时的江南文化风向也在以苏州为中心悄然发生着变化。他们逐步脱离甚至反对当时社会主流的雍容华贵、歌功颂德的台阁体文风，主张表达个人的真性情和内心感受。十人之中每个人个性不同且张扬不羁。况钟在与他们交往时非常尊重他们的个性与人生选择，《苏州名贤小记》中曾记载有沈愚拒绝况钟好意推荐的小故事，"太守况钟有致于公，公却不受"，说是怕坏了廉太守的名头，但况钟不以为意，对这个绝意官场仕途的文化名人始终高看一眼。后来沈愚有一首《阊门柳枝词》在苏州流传甚广："小蛮能唱白家词，笑把纤腰斗柳枝。愁绝尊前春未老，风流太守鬓成丝。"况钟与刘溥多有诗书往来，关系也更密切，可能与刘也做过医官的原因有关，两人有共同语言，感情也最真挚。况钟离任时，他也曾作诗挽留，有"公当即归郡，慰我遥相望"之句相赠。

---

① 刘溥：据《明史》载，刘溥，苏州府长洲人。溥八岁赋《沟水诗》，时目为圣童。宣德时，以文学征。有言溥善医者，授惠民局副使。耻以医自名，日吟咏为事。与汤胤勣、苏平、苏正、沈愚、王淮、晏铎、邹亮、蒋忠、王贞庆号"景泰十才子"，溥为主盟。

有一个书生叫陶继，他是长洲当地有名的文化人陶琛的儿子，也是一个清高的读书人，后来得到况钟的推荐，做到了湖北枝江知县。还有一个叫顾亮的幕僚，爱好诗文，清介耿直，素有策划，况钟专门把他请来当自己的参谋，为况钟治理苏州出了很多有价值的点子。顾亮一直服务到后任知府李从智，还出了一些书。还有书生刘敷，因经济窘迫流落在苏州，生计都出现问题。他听人说起况钟待读书人如何如何关心，便向况钟送去《求归宗籍诗》，提出想回老家养老，于是况钟个人出钱帮助刘敷回到自己的家乡。像这一类关心帮助士人学子的事还有很多。

有些时候，我们这个时代还应学习和借鉴他身上的这种精神。况钟诚心文教、包容发展，在当时所营造的文化教育环境及对文化人和文化事的态度值得后世效仿。在他的任期内，苏州各地文化教育事业不断兴盛和发展，在文化教育上逐渐培养和储备了一批文化艺术人才，客观上也为明中后期所形成的吴文化高峰起到了一个基础性铺垫作用，这个评价不过分。他就像一个默默无闻的园丁，负责施肥浇水，努力营造一个宽松的发展空间，对其中的奇花异草始终抱着放松呵护的态度，观则赏之，近则爱之，用则重之，使苏州的文化艺术百花园保持了生机蓬勃的状态。

通观况钟任上任后，有一个很有趣的现象。况钟在他治理的苏州有很多流传到现在的歌颂他的歌谣，这个数量不但在明中期的苏州历史上绝无仅有，就是在中国历史上也不多见，《况太守集》收录了其中的一部分，有近十首之多。他们大多为当地文人为反映百姓对况钟朴素的感情而作，在况钟离任或再任的时候甚至贴到知府的院墙和衙门口。这些歌谣关于他三次离开苏州都有不同版本的传唱，延绵不绝。后期，一些地方甚至为他建起了生祠。况钟本人对这个现象是不喜欢的，他曾多次进行制止，却禁不了百姓高涨的热情。最合理的解释是，民众及当地文化人已经形成了一种对他发自内心的依赖与信任，当时有歌谣唱道："况青天，朝命宣。愿早归，在新年！"

还有："况太守，民父母。众怀思，因去后。愿复来，养田叟！"

还有更文化一些的："郡中齐说使君贤，只剪轻蒲为作鞭。兵仗不烦森画戟，歌谣曾唱是青天。"

行文至此，我们可以说，况钟能作为明代循吏巨擘，成为明前中期清官群体的杰出代表，不仅仅是他为苏州人减赋这么简单，而是因他做了大量让苏州人感动的事情。如文化教育方面所作出的贡献，他呵护地方文化，引领教育风气，用情怀与雅量与文化人打交道，有情怀则用心，有雅量则不偏激，赢得了当时颇为挑剔的苏州教育文化人士的尊重。他的人文逸事能在苏州老少妇孺间几百年间传唱不衰有地方文化人的功劳。否则，以他的政治地位以及人生故事，一个地方知府何以能做到与包拯、海瑞齐名，更成为吴晗笔下高度称赞的明史人物！

况钟的廉

清风两袖去朝天

不带江南一寸绵

——况钟

廉，政之本也，是一种高尚的品质。一指为人的正直端方，二指为官的清廉不取。建设清廉政治一直是百姓心中的期盼，他们常把清廉与否作为衡量官员好坏的最重要标准之一。

况钟从做小吏开始，就严格要求自己，受到了同为清官的知县俞益的首肯和器重，被推荐到礼部为官，赢得了"十年郎官清似水"的美誉，担任知府十三年，其"洁清之操，一尘不染"。在个人品质和从政道德上从一而终，初心不改，使他在历史上的能吏群体中脱颖而出，尤其是其为官江南钱粮浩繁富庶之地，面临唾手可得的利益，能经得起诱惑，管得住手脚，严格要求家属及身边的人，以家风带政风、促民风，在士子、官吏、百姓中树立了良好的清廉形象；对不正之风，他敢于面对面斗争，"上交不谄，下交不骄"；对侵害百姓的人和事，他采取坚决查处的态度，一查到底，决不姑息，他的刚正之气使苏州成为当时佑护百姓的一方净土，形成了"岁丰人和，汔可小康"的良好局面。

感受况钟为政以德的清风扑面，此种精神的力量不能不让人由衷钦佩，值得当代每一位党员干部循迹而前，清心治本，直道身谋。

用刚正铸造政风

在苏州著名的旅游景点文庙，有一件关于况钟的珍贵文物。它就是位于大成殿里的"苏州文庙况公像"，有近六百年的历史。碑像见证了苏州人民对当年"青天"永志纪念之情，这也是明知府况钟在苏州现存的遗迹之一。

该碑为青黑石质地，上圆下方，保存较为完好，字迹也基本清晰。碑长 0.92 米，宽 0.54 米，内容分上中下三部分，上部为明内阁首辅杨士奇所作赞语，共 19 行，137 字，正楷：

刚正之气，卓特之才，其洁清之操一尘不滓，其执守之固千夫莫回。既明且果，亦敏以勤。官朝署也，事三圣惟其敬；典侯邦也，庇千里惟其仁。靡暴弗驯，靡瘁弗煦，令行秋霜，惠流春雨。岁久当迁，民攀留者万计。天从所欲，诏特俾之重临。昔张益州前，后其异施在况，吴郡必古今而同心者欤。光禄大夫柱国少师兵部尚书兼华盖殿大学士庐陵杨士奇赞。

其中"滓"字作污染解，"俾"作使、让解。张益州学名张方平，官至副宰相，是宋朝有名的官吏，曾在江苏昆山任过知县，故有此语。

碑身中部为况钟画像，深描阴刻，线条简洁，人物特征明显，形象生动。他头戴官帽，穿圆领衫，束腰带，身躯魁梧，两眼圆睁，有一股肃杀之气，凛然威严，眼睛的神态像佛家的护法使者，怒目金刚。从眼神的刻画上，可以看出他已脱离了现实中的况钟形象，有些夸张，但在苏州百姓的心中，况钟就是一个充满凛然正气的神。

下部分为明苏州吴县儒学训导陈宾所撰，共22行，223字：

此苏郡太守况公像。公豫章况坊名族，早拜春官尚书郎，蜚声炳如。奉敕知东吴，事丕烈焕如。其德足以尊主庇民，其才足以经邦济世。其大忠也，比迹皋夔；其精白也，追踪刘张。盎乎其容，汪乎其量，昭昭乎赤赤乎，大鸣于世为一代名臣，其千百年间一二见也。东吴黎庶惧公之去，立石吴庠咏归亭，镌公之像，勒公之赞，以为邦人永久瞻思，非谀也！宜也！然勒石一邑而使四方之人徒闻公之名而不得见公之像，孰若重刻广慕，传诸远近，俾人人亲睹公之仪像而为一代得人之贺，不其侉欤！正统壬戌冬十月望日吴县儒学训导陈宾识。

石碑既是苏州人民对况钟的一封不掉色的感谢信，更是苏州历史重要的一部分。它静静地镶嵌在苏州文庙的墙壁上，每每瞻仰，给苏人的始终是一段温馨而有激情的回忆，同时也给后来者更多的反省、思考与启示：百姓心中永远有一杆秤，为政者的分量轻重他们心中最有数。

百姓把况钟塑造成刚正严明、明察秋毫的神，是现实生活中况钟精神的一种体现，是他在工作生活中担当作为、敢于斗争、规章森严的累积反映，也是他一贯的工作状态。曾在礼部为官时，同朝的同事就评价况钟道："伯律之为人，耿介端方，公明直道，不为利诱，不为势力所摇夺。自拜官出入郎署几二十年，略无可訾议。"

宣德七年以来，苏州境内接连发生了几起官军违法乱纪的案件。这些军卫借巡逻之名，劫掠往来客船。这些卫所官军，虽然不归苏州府管辖，但他们在苏州境内作恶，况钟自然不能放过。其中有一个叫陈璘的军官，官居镇

苏州文庙况钟像

　　这是当时苏州为况钟建生祠的历史见证。当时的吴县百姓感激况钟为当地做出的巨大贡献，于正统六年（1441）专门为他建生祠，后来这块碑被辗转移到了苏州文庙内保存

海卫指挥，正四品，于宣德八年（1433）八月初三带着两只黑楼船，自称是南京捕盗指挥大人，在江阴县地界三山石堰港口拦劫泰州人徐官、昔保到苏州府来收买麻料的船只，后又在深港焦店，抢去干鱼三万多斤。况钟并没有因陈璘与自己官阶一般高，属于兄弟单位而官官相护或有所顾虑，而是立即派人抄查原赃，并上奏朝廷，特别指出"似此非为，有违国法，合将本犯官并原随军伴，通提解京，送法司空问，明正典刑，以警其余"。这个事件被戏剧学家《况钟》的作者蒋星煜先生演绎成《况夫人做寿》编入了其著作的《历史故事新编》，1986 年版的《靖安县志》又以《做寿除奸》为题作了收录，主要表现了况钟不畏权势、除暴安良的刚正之气。文化上的演绎自然与真实的历史还是有一点差距，不妨看作是后人心目中况钟治政的一个情景再现。

在接连大力度处理几起类似的案件以后，苏州地界就再也没有发生过官军抢劫的事件了，"武弁并知所戢（收敛），河道肃清，商民赖之"。

对往来上官，除了正常的接待以外，况钟非常厌恶阿谀奉承之风，他曾在《请申明御史知府相见礼奏》说："近年以来，各处巡按公差御史多有违越礼分，其各处知府有等阘茸贪赃，畏惧纠劾，不顾名分，献谀进谄。有出郭迎接、下马路跪，候其过者；有照知州、知县丁立揖拜者；有跪听发放回答者；有被秽骂凌辱者；各失体统，无敢言论。"这其中反映出来的问题是：一些经济有问题、有贪污受贿行为的官员或一心想往上爬的官员为自己前途着想，一见巡按御史来了，便担心自己的龌龊行径被揭发，或为了留下好印象，便不按规定的礼节办事，在检查人员面前卑躬屈膝，逾越礼制，挖空心思想尽办法来博得御史大人的欢心，即使被秽骂凌辱，也觉得心安理得。一些御史也不按朝廷规定，来到地方上便任意作为，享受无上的礼遇，飘飘然不知所以。因此"间有执法奉公，不肯阿谀，却乃吹毛求疵，故将首领官吏借端凌辱，擅作威福，以为得体"。

对此种良莠不分、善恶颠倒的行为，况钟发出感叹："似此善恶何由而分？贤士何由而进？"而且，这样的风气漫延，"非惟有乖《宪纲》，抑且故违礼制"。

况钟最后要求礼部与都察院严格重申，这样才能使"谄佞无侥幸之门，正人有激昂之志"。

作为当时出现的这些普遍现象，"国吏逢迎之风日盛"，况钟没有随波逐流或沉默，而是向上尖锐地指出存在的问题，希望能提出更好的解决办法认真地得到执行。如果哪个官员来到苏州当地，发现有不遵守《宪纲》的行为，他便毫不留情地坚决向上反映，与之作坚决的斗争。正统元年，巡按浙江的监察御史王琏从任上返回京城，经过苏州府所管辖的地界时，居然"越驿乘舟，所至多索隶卒"，强令地方摊派提供超规格的隶卒数量为其服务，前呼后拥好不威风。既扰乱了地方上正常的工作秩序，又增加了府县不必要的负担，况钟立即将王琏的行径如实上报朝廷，弹劾他违制。恰在此时，浙江按察司佥事商贤也上书纠劾王琏"言轻行薄，骋小才而害良善"，并一一列举王琏为非作歹的事情。朝廷非常重视这件事，认为作为纠察百官的监察御史，却倚仗权势，肆无忌惮地破坏法纪，必须得到惩处，于是命刑部将王琏逮捕法办。一些清廉正直没有向王琏行贿而受到迫害的案件当事人和官吏，先后得到了平反。

翰林院侍读周述曾经提到："侯之为人，外虽威严，内实仁恕，刚直果敢，不为威势屈挠。郡邑每当权贵人及中官往来，气焰赫烈，官僚闻其至，皆胆慑股栗。虽重赂之犹或不免斥辱，微员辄至笞缚。及过苏，侯未尝稍屈膝，戒下人毋赇一钱。彼知侯名，皆抑下敛迹而去，噤不出一语。"这段话生动地反映了由于况钟的刚正不阿，往来达官贵族莫不知况钟的威名，不得不约束自己的行为，规规矩矩不敢做出出格的事来。

况钟在官场上的威名并不是凭空出现，而是经过一次又一次不懈的斗争累积而来。由于苏州是物资繁盛之地，朝廷为采办"贡物"方便，专门在苏州设立了征办丝绸布匹、花木禽鸟等珍宝古玩的采办机构，由一些相当有权势的太监担任督办。这些督办凭借他们的特殊身份、特殊权力，往往为所欲为。他们对待地方官员，稍不称意，随意辱骂甚至捆绑殴打都成了家常便饭，已成为苏州地方一害。况钟到任后，对他们采取了有理有节的斗争态度，有效地抑制了太监的嚣张跋扈。《吴中故语》记载了他面见大太监的故事。由于自己的级别太低，况钟上任后专门去拜访大太监。不知是不是想给新来的知府一个下马威，况钟行跪拜礼时，大太监正眼都没有瞧他。况钟见他冷淡也不以为意，说您既然不喜欢我的拜见，那就换一种方式吧，说罢拿过一张凳子就坐了下来。太监见他没有听见自己说"让坐"就自己坐了下来，觉得很诧异，见面不愉快难免互相之间就有言语的冲突。况钟"与之抗论"，话毕就带着自己的人马浩浩荡荡扬长而去，似乎就是不给他面子。这在当时的苏州人来看就是石破天惊且富有戏剧性的一件事，所以被他们记了下来，并起了一个名字《况侯抑中官》。清汪有典在《史外》一书中甚至评论说："此千载一时，有明之希观也。"还有一次，有一个叫来内官的太监头目，把吴县的主簿吴清打了一顿。有人来告诉了况钟，况钟连忙赶过去，见面后他抓住来内官的手，大怒道："你为何打我主簿！难道县里就是专门为你办事的吗，别的不要办了？"来内官吓得连忙道歉，低头认错，为此专门摆了一场道歉宴才了却此事。"（况钟）独挺然以义折之，使皆俯首去，不得肆乎其害。"看来况钟除了与他们开展针锋相对的斗争外，也狠狠地与他们这些人讲过一番道理。从国家大义、人间正义、个人情义的高度讲明了各种利害关系，使这些平素作威作福惯了的人终于低下了高昂的头颅。后来这些人对况钟格外尊重，为首的朝廷特使还专门告诫自己的手下人，曰："况太守，清政人也，不可犯焉。"自此后，"终况公之时十余年间，未尝罹内官之患也"。从这里可以看出，况钟并不是一味地强硬到底，他与海瑞"死磕"式的从政风格有着很大的区别，他有着自己的政治智慧。在处理复杂的人事关系时，他善于争取最大的执政公约数。虽然宦官的历史观感一直不佳，但在封建社会的几千年里，他们都是一股不可忽视的力量，是皇权执政的变异。只要不触碰治理的底线，不是罪大恶极的那种，就只是方法上的简单粗暴，那么况钟愿意与这些皇权的代表作有限度的合作，进行一定程度的妥协。宣宗时的宦官还是有所收敛的，他们与后来，特别是正统年大太监王振打碎朱元璋"内臣不得干预政事，预者斩"的卧碑后，宦官群体的腾腾烈焰、不可一世相比还是有所区别的。况钟在与他们相处时，有理有节，坚守了自己的底线，又努力营造了良好的治政环境，可以视为客观历史条件下的实事求是，这种不走极端的处理是一种理性的思维方式。

　　况钟的这种刚直果敢，反映在他的施政方式上，他具有坚决果断的工作作风和高效的行政效率等特点。"僚采不职者去之，如迅雷之破柱也；豪猾害民者锄之，如疾风之偃草也；颠连困苦者殖之，如阳春之煦物也。减赋轻租而民力舒，除残植善而民心悦，课农桑而民财阜，足兴教化而民俗新。以故列邑向风，蒸蒸丕变，而咸颂神明焉。"这里就把况钟与一般意义上的清官区别了开来。历史上很多清官爱惜羽毛，所谓的果敢表现在施政当中就是"过刻"，有些只为捞取个人的名声，甚至为了自己的政治前途与名声，不惜"杀妻求将"。况钟在施政过程中，不是为声名而施政，而是把民众的利益放在重要的位置，除恶是为植善，这是一种具有辩证思维的治理方法。他爱惜百姓、珍惜民力，对弱势群体给予最大的关爱。正如翰林院编修杨寿夫所说："钟纠绳贪污官吏，剪除豪猾奸民，无弊不革，务绝根除。此又怯懦者所不能治，而公力治之。非尚刻核（苛刻）而不加仁慈，诚以稂莠不芟则嘉禾不植，而姑息不可为也。"他疾恶如仇，对属下贪赃枉法的官吏，不惜采取刚猛的手段杀一儆百；对犯小错的官吏又允许其改过自新，不搞人人自危；对他人的无心之过则又充满了"仁恕"之心。史书上记载了一个关于他的"府库失火"的故事。有一年，知府收藏文书的府库不慎失火，况钟赶到时已是遍地瓦砾一片狼藉，看守府库的小吏自知死罪难逃，惊恐万状。况钟坐在空屋场下，招呼下属将小吏痛杖一百，回到房间里，亟草奏章，将责任归于自己。属僚甚为疑惑，况钟解释道："此固太守事也，小吏何足当哉。"为此，况钟受到罚俸处理，但小吏得以保全。后人在评述这件事时说："此（公）所以威行而无怨也。公之品，于是不可及矣！"

　　为什么况钟心中怀抱有一颗刚正唯公之心？此源于他胸中的浩然之气。

苏州城隍庙况钟像

　　明清时，苏州城隍庙一直供奉着范仲淹、文天祥、周忱、况钟等人的塑像，现在这里还留有他们的碑刻像，其中况钟的碑刻放在工字殿后殿的《苏郡城河三横四直图说》碑旁边

　　正如他政治上的老师杨士奇所言："夫君子之刚以直乎内，盖本于道义之正，所谓浩然之气是也。而发于外者，固雍容不迫，无所乖戾，而适乎大中，所谓性情之正也。"苏州人、明编修张洪分析况钟这位自己家乡的父母官，提供了如下具体说法："知有国而不知有身，则不为事物之动摇也。"他还举用人的例子来说明，某人本来廉洁奉公，有人打算荐举提拔他，但又担心别人会怀疑自己有私心，便又不去推荐；某人明明政德败坏，有人想把他从岗位上拉下来，但又担心别人说自己是打击报复，便又不敢去动他。为什么会出现这两种情形呢？这是由于这两

种人"为国之心轻以短，为己之心重以长也"。但况钟在面对这两种情况时的态度截然不同，他以是非曲直为定论，按照这些人的本质好坏决定，决不会担心因此为自己带来什么坏处，这也是他"知忠于国不敢私其身也"之处。此种只论是非、不论祸福的大担当气度，用现在的话来总结，心忧天下忠于国家的人，无私无畏只唯公，决不会凡事首先想到自己的利益得失。这不禁让人想到历史上一个有名的典故。《吕氏春秋》记载，晋平公问老臣祁黄羊，谁可当南阳县令，祁黄羊推举了自己的仇人解狐；晋平公又问谁可以当国家廷尉，祁黄羊推举了自己的儿子午。由于推举得当，故"国人称善"，也得到了孔子的称赞，认为这才是大公无私。这就是著名的"外举不避仇，内举不避亲"的故事。

况钟刚正的施政理念从效果上来看，是有明显成效的。首先，他赢得了苏州百姓扎实的民意支持，满城尽颂"况青天"，有力地促进了他所施行政策的达成度，使行政效率大大提高，一些难度较大的改革措施或重大工程都得到了顺利推行；其次是培养了一批清正廉洁、办事高效的行政官吏，使原先败坏的政风有了脱胎换骨的改变，之后不断有官员因表现优异而被吏部提拔；再者是良好的政风带动了社会的正气上升，申明亭、旌善亭等社会民间细微管理调处机构的作用得到了强化，一些影响社会稳定的因素被化解在最基层，保证了社会的和谐稳定。

明思想家李贽非常欣赏况钟的这种精神，在他的《知府况公》里，他评价说："钟刚果敏达，不畏强御，尝上奏，与巡按御史争相见仪弗惮，然度量廓如也………操履之介，千夫莫回。"这与杨士奇对况钟性格的评价可谓不谋而合，相得益彰，更加肯定和凸显了况钟刚正的个性。

用节俭引领民风

　　况钟到任时的苏州，社会矛盾已十分尖锐，经济几乎到了崩溃的边缘。《乡贡进士薄实上太守书》就描绘了这一场景："今终岁勤动，无宿臼储。民苦远漕之艰，加赠之重。纳粮之后，糠粃无余者十室而九。"而另一边，豪门大户疯狂地进行土地兼并，苏人云"今所抛弃垂成之禾稼，已属他人；归就旧日之田园，又非己有。外无秋收之望，内有饥寒之逼"，社会的两极分化十分明显。经过况钟的一系列经济改革，大力度地减轻税负，废除不合理的苛捐杂税，取得了较好的效果。值此整个社会恢复元气的阶段，休养生息、反对铺张浪费就显得尤其必要。

　　况钟生长于靖安的边远农村，从小到大目睹乡邻生活的艰辛与困苦，虽说家里有几亩薄田，但生活并不是十分宽裕，从其父况仲谦临终的遗产分配就可得知，全家能维持温饱已属不易，所以，况钟一直保持了生活节俭的习惯。在礼部为官十余年，杨士奇以"十年郎官清似水"来形容况钟生活的清苦与自律。其以"性严不轻易接物"得到朝廷上下的看重。

　　况钟接替上任知府余士贤到任苏州知府，发现堂堂知府衙门破败不堪，沿路而来的驿站也是"岁久颓败，不庇风雨，使客至无所居"。于是，况钟在第二年正月组织了一次整修。在明编修张洪所写《张太史赠太守况公前传》中记载了这件事，"凡诸营建皆撤没官之旧材，因台皂之余力，焕然如新，民不知费"。所有的办公及生活设施都是用现有的旧材料维修建造，人员也是动员府内的衙役各出其力，利用各自的空闲时间，开展集体义务劳动的形式完成，没有增加老百姓的任何负担。其中最奢华的布设可能就是请了当时有名的书法家程南云在知府后堂一小阁书写了"退思斋"三个大字。可惜的是随着时间的流逝，这块匾额再也找不到了。

在建吴县县学时，况钟就曾与自己的上级周忱商量，"是役不可重费吾民"，不能增加百姓负担搞摊派。他们组织人把全苏州府仓库里累年遗留下来专门用来包装粮草的苇席收集起来，共得五十万条，在市场上换得大米五千石，一举解决了建学经费的问题。以至当崭新的学校建成以后，当地人还想不明白苏州府财政如此紧张，又没有向百姓摊派，建学的钱是从哪里来的。内阁首辅之一的杨荣极力肯定他们二人这种勤俭办学的方式，认为"二君子之用心亦必传诵于无穷矣"。他还专门提到："席之积屡矣，昔也，不侵盗于吏胥则腐化为埃尘，今乃成一邑之伟望，何其善也！"以往，这些席子不是被下面的基层官吏侵吞，就是烂在仓库里，现在做成了这样一件大事，这是多么好的一件事啊！后期苏州府学、太仓卫学等一些公益设施都是"经费所需咸得变通之宜"，通过各种办法与途径来筹措，尽得节俭办事之心得。

平常在苏州府的生活，况钟也力求简朴。"公内署萧然，无铺奢华靡物"，办公生活环境虚空简陋；吃饭也是"每食一肉一蔬，非公宴别无兼味；家人及亲旧相对，尊酒数行，青灯夜话而已"；"尤喜缝掖"，喜欢穿那种衣袖宽大的衣服，也就是古代读书人常穿的普通衣服，身无饰物。他的江西老乡周述与他曾在朝堂共事多年，私下经常一起郊游、论事，知道他的生活习惯，曾赞扬他"生平自奉甚约"。

苏州自古佳丽之地，苏州人又极聪慧肯干，有钱的人非常多，史料中形

容当地 :"其民利渔稻之饶,极人工之巧,服饰器具,足以炫人心目,而志于富侈者争超效之。"苏州人的生活一向引领社会风潮,即使是经济萧条时,还是有一些富户不改旧习,在婚丧宴请时大肆铺张,经济条件逐步好转时更是如此。当地绅耆王德珍曾为此向况钟上《求禁奢俗诗》,他说苏州这个地方"地虽灵秀萃,民俗侈而张""妇女珠翠丽,男子粲衣裳。肆筵穷珍错,玳瑁架屋梁"。他希望况钟"愿将靡靡俗,一变饶耕桑。易俗还醇古,如焦沃以汤"。况钟在查访后证实了他说法,一些豪门富商往往扬俗尚侈,吃的要精致、穿的要华美、出行要豪车、住要雕梁画栋,官员及经济条件好一些的百姓于是趋之若鹜,相互攀比效仿,影响了社会淳朴风气的养成,一些地方出现了丧葬爱慕虚荣、排场浩大,市民投机好赌、渴望一夜肥富,官吏享乐、贪污腐化等一系列问题。于是,况钟专门颁发了《戒奢侈榜示》,要求各地遵照执行。在榜示中,他专门提到 :"访得城市富民奢侈太甚,缙绅大族亦复有然。锦绣铺张,梨园燕饮,率以为常。而丧嫁二事,尤为浮荡之大者。不惟有逾品制,实乃暴殄天物,召灾致咎,未有不由乎此也。"他要求"谨身节用,富而好礼","榜示之后,各崇俭朴,留有余之财,以防不足"。对遵照执行以及违反规定造成社会影响的,他要求各地把他们分别填注到《善恶簿》里,以凭稽考。

宣德七年,他再次针对富家子弟普遍出现的各类违法行为作出规定,其中就包括富家子弟中出现的奢侈现象。《绅士约束子弟示》中提到 :"该地习于奢侈,城市尤甚。有等子弟专习为奇巧工作,已足以妨农业,害女功。"有的则"戏房妓室,鲜衣怒马,淫酗撒赖;或则擎鹰斗雀,引类呼群,勾惹恶少,姿行为非"等等,他严厉地指出,"种种不法,身犯国宪","绅士等家不能齐,何以治国?""如犯,并将失教之父兄惩治"。

从中可以发现,况钟的苏州禁奢,并不是为了抑制百姓生活水平的提高,相反,他积极通过各种举措减轻百姓负担,提高他们的生活水平,特别是对弱势群体给予极大的关怀和政策帮助,"于民则欲其富完给足,而后其心安焉"。他的禁奢是针对一些人因奢不法,因侈而滴而引发的社会道德风险和社会管理风险。在社会经济根基孱弱，百姓还普遍没有解决温饱，经济条件尚不允许的情况下，脱离社会基本面，崇尚和追求奢华之风，带来的是社会失序和急功近利之风。苏州犹如大病初愈，尚经不起折腾。正如唐太宗李世民在汲取隋朝失政教训时所说："由俭趋奢易，由奢返俭难。"况钟认为这些行为，完全背离了大明王朝建立以来提倡的节俭简朴之风，明开国皇帝朱元璋也说过"金玉非宝，节俭乃宝"。况钟想让苏州百姓接受历史上"俭节则昌，淫逸则亡"的经验和教训。为此，他不惜把禁奢倡俭提高到法律制度的层面加以约束，"立教条、革夙弊、正颓俗"，作为社会休养生息及加强管理的一项重要内容来贯彻落实，自己则以身作则，以上率下，以实现"上下和会，风化肃然"的治理效果。

用清廉涵养作风

说到况钟的清廉，我们首先想到的是他留下的千古名句："清风两袖去朝天，不带江南一寸绵。"这句是取自况钟第三次离任时，与苏州父老话别时留下的《拒礼诗》,《况太守集》收录。

正统四年冬，考满赴京，七邑耆民饯送者数十里弗绝。作此口占四首，遍贻耆民以志别。

十年鞅掌抚名邦，如水襟怀对大江。

无德及民殊自愧，君恩有负每神慄。

清风两袖去朝天，不带江南一寸绵。

惭愧士民相饯送，马前洒酒注如泉。

检点行囊一担轻，长安望去几多程。

停鞭静忆为官日，事事堪持天日盟。

父老牵衣话别间，空烦扶杖出重关。

相逢知是何年事，珍重无忘稼穑艰。

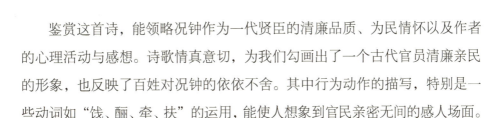

　　鉴赏这首诗，能领略况钟作为一代贤臣的清廉品质、为民情怀以及作者的心理活动与感想。诗歌情真意切，为我们勾画出了一个古代官员清廉亲民的形象，也反映了百姓对况钟的依依不舍。其中行为动作的描写，特别是一些动词如"饯、酾、牵、扶"的运用，能使人想象到官民亲密无间的感人场面。

　　况钟的清廉贤明在当时得到了从上至下的一致肯定和褒扬。他能从礼部郎中选调到苏州任职，这是一条很重要的原因。明仁宗朱高炽在位时，朝廷要求各级官员荐举贤能，况钟推荐了进士出身的正六品左中允张宗琏。张宗琏是一个敢于直言且对自身要求非常严格的人。朱高炽便去问杨士奇："别人都推荐地方官，为什么况钟反而推荐京官？"杨士奇说："张宗琏很贤能，我和侍读学士王直正要推荐他，没有想到被况钟抢了先。"朱高炽听后说："况钟能够了解张宗琏，也是贤能之士啊！"后来明宣宗朱瞻基即位，对况钟赴任后在苏州的一系列施政举措充满了信心。他曾对自己身边的侍臣说："知府一郡之表率，而行之自廉始。钟必能持廉。持廉然后去贪，则属官之贪必自敛矣。"朱瞻基对况钟的考察不完全是听取下面官员对况钟的评价，而是通过他们之间面对面的接触有感而发。当初朱瞻基从南京到北京接任皇帝大位，就是况钟一路千里护送，途中表现出来的忠诚与勤勉得到了朱瞻基"识达大体"的高度认可，讲他深知事务要领，知道国家要义之所在。前后两任帝王的肯定，从一个侧面说明况钟的上级、太子少保金幼孜"伯律才识敏赡，居官以廉慎称"的断语是正确的。当时，很多官员都给了况钟很高的礼遇和评价，如"清慎谦和""莅政廉勤"等。做过贵州参议的苏州人尤安礼在与况钟打过不少交道后，也从内心深处佩服这个后辈，夸赞道："侯之处已也严毅而廉静。"

　　在任苏州不久，况钟的清廉曾经受一次巨大的考验。因他曾与抚民巡抚成均因改抚民官为催粮官发生了激烈的矛盾，况钟丁忧回家后，成均分别找来民户顾忠、医户张琳和粮长沈恒吉诬告况钟强制下人强买强卖、收受贿赂，说他收了白罗两匹、蓝青纱四匹、画两轴、花席三十条、白米六石等。后来这些事经过查证和况钟自己的说明，都是子虚乌有的东西。经过审问，这些人还把他们如何受到成均的要挟，共同诬告况钟的事交代出来。由于涉及政见之争，朝廷于是把成均调离，算是了结这场公案。但这也给况钟的苏州之任敲响了警钟，使他在之后的任期中更加注意个人的行为举止，更加注重办事的清白无瑕。

况钟任内开展了许多花费巨大的工程，如建学校、修桥铺路、建济农仓、兴修水利等，他采用的办法就是权责到人。他自己的工作主要是筹集资金，协调解决重大争议及土地配给，具体做工程则一般是由工程受益方推选出当地德高望重的耆老董其事，当地政府则督工即负责监督。如新建范仲淹公祠及文正书院，他就让范家自己推选出办事权威的范元理具体负责，大到岁寒堂设计，小到一块具体的碑刻摆放都由范家人自己具体决定。在资金的使用及建筑风格上他从不干预，极大地调动了范家人的工作积极性，既保证了工程质量，也提高了办事效率。仅用了三个月的时间公祠及书院就修葺一新，命运多舛的《伯夷帖》及《道服赞》等范仲淹遗留下来的稀有墨宝后来就存在此处。工程完工后，范家人还专门请了很多当地有名望的人来作序记述这项工程的来龙去脉，其中就有在朝廷任侍读学士的张益。请名人作序其实就是评判工程的好坏，范家还把此序用刻碑的形式放在文正书院的正门。其他如范氏义田的再置、吴县县学的修建等，况钟也是采用了类似的办法，也是推举当地耆老王思信牵头总负责。还有苏州著名的玄妙观，也是委托郭贵谦具体负责。这些做法有效地保证了工程进度，降低了官员在其中的腐败风险。

再就是公私分明。就如原苏州府署大厅有一副对联写的一样，"政惟求于民便，事皆可与人言"，也反映了况钟与苏人的关系。他与苏州当地无论是士子还是一般的官员、低级吏员甚至一般百姓关系都非常地融洽，只要他有时间，很多人都可以在工作之余到他的知府后堂与他茶叙。因此开始有很多人结伴去知府，这也是况钟了解社情民意的重要窗口。但来的人逐渐鱼龙混杂，难免就有提个人要求、幻想利益输送之类的事情发生，此时，况钟就表现得异乎寻常，"语及私，顿慢之"。对这些意图暗通款曲、私相授受的人，况钟毫不客气。时间长了，加上况钟"体盎而丰，神完而充"的样子，面相既威严，身材又高大的气势，很多人就又对况钟既敬佩又害怕。知道知府"廉洁自励，口不言钱"的规矩后，想来打通关节的人也就打消了念头，这也自然屏蔽了一些心术不正的人，以致"饔膳苞苴毋敢入于其府之门"，一些想行贿赂的人再也不敢进他的府门。后期与况钟关系或私交非常好的那些人，他们在当地史志中所记载的评价绝大多数都非常好，属于清正之人，如"景泰十才子"之首的刘溥及后来也做了官的邹亮及柳华、钱昌等人，其中柳华在景泰年间被太监王振所害。

如果说在京城，作为郎官的况钟还没有资格把父母亲带到北京共同生活。但到苏州后，此时父亲早已去世，他完全有条件把自己一大家都带来苏州一起生活。但他为了避嫌，只带了他的妻子及二儿子况寰来照料自己的生活起居，其他都随继母在老家靖安生活。现存的《况太守集》就是由况寰收集整理才得以保存下来。以至于当他的大儿子况宁第一次到苏州省亲的时候，还引来了苏州城的骚动，成为当地的头条新闻。当况宁入苏州阊门时，很多苏州人云集围观，都说："此青天之金玉佳公子也！"争先观之为快。

况钟去世时，因大部分家属都不在身边，在讨论如何办理况钟的丧事时，钱款无从落实。就在大家较迷茫时，当地名士吴海舟第一个站出来，"掷百金于前"，大家各出其力，隆重举办了他的丧礼。吴氏还专门撰写了《故中议大夫赞治尹苏州府知府况公行状》来歌颂况钟在苏州的丰功伟绩。现在的人可能无法想象，一郡之知府，经济竟然窘迫到如此地步，好在地方志把这一细节记录了下来。

随后况钟的家属赶到苏州，把况钟运回靖安老家安葬，"逮卒而归葬，舟中惟书籍、服用器物而已，别无所有，苏人咸叹息之"。况钟离开苏州不带一丝的身外之物，人来人去，一代廉吏说走就走，似大运河上的一叶扁舟飘然而逝，留给苏州人和历史的只有廉洁风骨和刚正精神。这可能是苏州百姓叹息的主要原因吧。

　　在况氏族谱中，没有发现他在自己的故乡靖安建高屋大院，也没有他在家乡添置田产的记录。其中记录的反倒是，况钟在苏州做了十三年知府，除了夫人熊氏嫁过来时带有的奁赠，"薄有储积，置微产"。熊氏死后，由其子定观收管，况钟从未过问，其他"别无营置"。为此，随着况钟的离世，收入减少，他的孙辈还因家里人丁增加土地过少而不得不背井离乡，举家外出邻近武宁县谋生，甚至远到湖北武穴一带并在那安家落户。至今，武宁罗坪镇还有二百多位况钟的后人，朝廷颁给况家的两件皇敕一直作为武宁况氏的传家宝，到二十世纪九十年代才不慎遗失。前几年，况氏族人又重金从九江私人收藏处购回，算是况家的一件幸事。2022 年，他们把皇敕修复后分别赠送了一件复制品给苏州况公祠和靖安高湖西头村。"文革"中，况钟墓发生了骇人听闻的掘墓事件，一些造反派认定况钟墓中有大量金银财宝，而将他的墓掘开，结果自然是一无所获。据况氏后人况先树老人（已离世）介绍，况家祖上一共留下了四件传家物，分别是《秋江送别诗叙》《况知府复任苏州赠行倡和诗卷》《况太守集》和朝笏。四件文物在况氏后人手中一直保存了五百多年。二十世纪六十年代，江西省文物所在况家征集了前两件，现在保存在省博物馆；朝笏在清末被盗，为此，负责保存此物的况家先人还大病一场；《况太守集》原本在五十年代末被人借去未还而遗失。

　　正因为况钟始终保持了清廉的生活和工作作风，他才敢于在苏州百姓送别他时，发自肺腑说出"清风两袖去朝天，不带江南一寸绵"和"停鞭静忆为官日，事事堪持天日盟"的掏心话。

　　清朝有名的廉吏，与张伯行、于成龙、施世纶齐名的清官湖南人陈鹏年①任苏州知府时，专门把苏州最有名的"廉石"竖放到况公祠前，并作《廉石铭》记述此事。其中说："盖况公，廉吏也。廉与廉称，不独陆公之遗徽可接，而

---

① 陈鹏年：湖南湘潭人，清代著名官员，曾任苏州知府。为官清廉，百姓称为"陈青天"。苏州沧浪亭中的作之师厅有赞语："治河有策，采风有诗，政通人和，来者之师"，郭沫若也曾诗赞其："正气传吹鬼，青天德在人"。

后来者亦因是生景企焉。则兹石虽微，可以砭愚订顽同垂戒矣！"意思是况公为廉官，如此廉石与廉代代相传唱，不但陆公的事迹可传续，后来人更因此可萌生仰望与学习之心，二公的美德也可以让世人缅怀和传承。此石虽然微不足道，但它却可以救治愚顽，劝诫后人。此文把况钟的廉洁放在至高无上的历史高度。

　　苏州的"廉石"是有来历的，据《新唐书·陆龟蒙传》记载：苏人陆龟蒙远祖陆绩曾为广西郁林（今玉林）太守，任满归家，因行李太少、船身太轻无法渡海，便搬来一块当地的大石头作为压舱石，号为"郁林石"，陆家一直将之作为镇宅之石保存。后人为纪念陆绩的清廉，便改"郁林石"为"廉石"，号为"苏玉"。世事变迁，石头遗世独立，历经沧桑，现摆放在苏州文庙内，已成为吴地廉洁文化的标志性符号。一块石头能成为廉洁文化的象征，

苏州廉石

　　廉石本是东吴时，郁林（现在的玉林）太守陆绩卸任归来用作压仓的石头，代表了一任官员的清廉。它历经千年，现在仍然矗立在苏州文庙，时刻提醒着后人，要以先贤为榜样，立党为公，执政为民，严于律己，清廉从政

是因其内在的厚重为质而不是轻佻作本，朴诚刚正示人而不是心生机巧，自始至终保持着天然初生的本性。它符合中国人关于廉的"坚定、朴实、如一"的审美特质，可视为廉的根本之所在，与另一个关于荷的高洁审美对称。陈鹏年由人及物，睹物思人，在"廉石"与况钟身上找到了可以上升为精神层面的共同品质。一个人如果能够有廉石般的性格，那么他的清廉就不存在什么问题了。

当然，人作为社会性存在，不可能隔绝社会，忽略环境的影响。分析况钟能够廉洁自律的原因，主要不外乎这几点内外因：

一是有一个好的社会启蒙老师。那时的况钟刚刚走上社会，一切都是新鲜的，一切也都是陌生的。对于人与人之间的关系，处理人与权、钱的关系是重要的起步阶段。他最重要的学习模仿对象自然就是自己的直接领导知县俞益。俞益的一言一行都对况钟有着直接而深远的影响。

俞益对自己的要求很严。他来靖安任职，为了不妨碍自己的工作，甚至连家眷都没有带在身边，生活非常清苦。但他爱民如子，对骚扰百姓、增加百姓负担的事深恶痛绝，在地方抗旱、防洪等重大事务上能到第一线深入调查研究，做了一些有利当地百姓的"惠政"，"廉平为治，民甚安之"。

按说，俞益是一个有政治资源的人，他在朝廷两年结交了一批身居高位的人。况钟九年考满，就是他向自己的好朋友礼部尚书吕震推荐了况钟。如果他要钻营，当然是有条件随时离开靖安这个小地方，谋求更重要更好的位置，但他没有，一直到家里老人去世才丁忧回家。

服丧期满后，俞益再被派到安徽潜山县任知县。在潜山任职期间，"其持己爱民，始终一节"，他还是一如既往地保持着在靖安的为官风格，清廉自持，知行合一。去世的时候，连起码的安葬所需都无法承担，真是让人感叹且敬仰！"任他水尽山穷处，牢抱冰心耐风寒"，俞益让我们现代人看到了古代知识分子的硬气所在。

有俞益这样的老师，对学生况钟的影响自然颇深。况钟非常尊重自己的

这个老师，任职京城后，他只要回靖安老家都会去看望自己的恩师。俞益与况钟也可谓君子之交，相知相惜一辈子。耐人寻味的是，他们有很多相同的地方，例如都是孝子，诗风文风一致，对儒家文化都兴致盎然、孜孜以求，甚至他们死后的墓志铭也是由同一人——吏部王直所撰，这些理念、情怀、人文的高度一致，只能证明俞益不愧为做人做官的表率，是儒家知识分子中坚贞劲节的楷模。

二是有一个干净的朋友圈群体。况钟到京城后，朋友也多了起来。这些人都是当世一时之选，都是有真本事的人，很多都成为了大明王朝的政治大咖，可谓"谈笑有鸿儒，往来无白丁"。

此时的大明王朝正处于上升期，政治比较清明。况钟比较亲近的几个历史人物，如湖北石首人杨溥、南昌人胡俨、吉水人周忱、永丰人曾棨、常熟人吴讷等。其中，杨溥是一个朴实正直、廉洁好静的人。在有名的"三杨"当中，世人曾说，杨士奇有学者风范，杨荣有才干见识，杨溥有高尚的品德，这些都是别人比不上的。再如吴讷，在任监察御史时，惩办过四十四位位高权重的官吏，在正官风、法纪方面声震朝野，以清廉闻名。在京期间，"公每暇与讲论切磨，契合无间"，"朝夕相从，得以依乎"，与他们建立了亲密的个人关系，交知交心，共同探讨相互间关心的话题，结下了深厚的友谊。

况钟到苏州后，面对复杂的从政环境，他在交友方面更是体现了刚正廉洁的一面。他对有操守的高洁之士非常尊重，始终高看一眼，与他们相处融洽。如平思忠、尤安礼、吴讷等，他们并没有因为曾经的部下况钟到苏州任知府就相托或干扰他办事，反而对况钟的照顾都一一拒绝，得到了当时人们的赞赏。这对况钟也是一种无声的激励。

因为个人爱好，况钟还喜欢与苏州当地的文人学士往来，"待物以仁，遇士有礼"，况钟与他们之中的品行高洁之士直到去世都保持着良好的个人友谊。这些人不仅有为人的清高，也有对品行的要求，很多人虽为一介平民却有着超然物外的格调，所以他们与清廉的况知府惺惺相惜，有着很多的共同语言就不奇怪。他们在况钟去世后都留下了很多的悼念或怀念诗词，以纪念这位清官朋友，以至到清代还有不少歌颂况钟的诗词在民间流传。其中有一首《竹枝词》这样唱道："一船琴鹤吏中仙，花月春堤醉管弦。酒社诗坛祠白傅，几人能忆况青天。"叹息曾经的"青天"远去，提醒人们在笙箫歌舞之际，不要忘记这位对苏州百姓有功与德的官员。

三是有一种严厉而关注的目光。况钟的仕途成长离不开当时一些政治人物的关心与培养，除了推荐他上任苏州知府的杨士奇、礼部尚书胡濙和吏部尚书蹇义外，还有很多关注他、看重他的老上级和真挚的朋友。

这些人的关注不仅让况钟感觉到工作的压力也有重新振作的动力。当况钟工作有了起色并得到百姓的"青天"称呼时，杨士奇寄梅诗云"我忆吴门廉太守，一枝遥寄岁寒情"；杨溥也曾寄竹诗云"此君一段冰霜操，独守姑苏傲岁寒"，给予积极的评价。当况钟九年任满，三任苏州知府时，不仅有病在身，精力也大不如前。杨又再资鼓励，诗云："十年不愧赵清献，七邑重迎张益州。"

同样，在苏州任内，作为中心人物，众人对他的关注也是有多无少，既有善意的也有恶意的。纪律上，先有巡按御史王来，巡按御史虽然品级不高，在外却代表朝廷，有考察权和举荐权，官员的升降去留很大程度都掌握在他们手里。王来本身是一个眼里见不得沙子的人，他离苏后与于谦主政山西，对官员的管理及处理之严厉全国闻名，曾先后当场杖杀六名不作为或贪污不法的县官，世皆骇然。后有张文昌，本身就是以审案而闻名，他于正统二年（1437）从断事九品直接提拔为监察御史，眼光犀利。还有更多的被况钟处理过的官吏、势豪大户，这些人组成不同的利益群体，时时都在寻找况钟的问题，做好反攻倒算的准备。他的直接上级江南巡抚周忱，后来就是被地方豪强反复状告经济有问题而致仕回家的。这些有形和无形的监督与关注，令况钟作为一个本来就自身要求严格的人，体会到了仕途的跌宕与险恶，此一来更是如履薄冰。

好在，况钟经受了这些关注目光的考验，没有辜负苏州百姓的期望，时

刻做到修身律己，以榜样的力量激励，以清廉作为修心的根本，滋润陶冶自己，提升涵养自己，始终保持了一颗积极向上的进取之心，在其位，谋其政，创造出了不朽的业绩。

四是有一颗为民担责办事的诚心。苏州人张尚瑗曾说："吾郡历来贤守以况公为首称。若公廉正朴诚，始终一致，才而运之以德者也。"此中"德"可理解为大公无我之境，而达到这种境界，似乎就是《孟子》言："大人者，不失其赤子之心者也。"《中庸》中不是也说过"赤子之心，至诚之道，知行合一，彼岸之桥"吗？清代苏州知府的桂超万就把况钟的此种德归纳为一个"诚"字。桂超万也是一个自谓"性不趋炎独傲寒"的人物，入了清《循吏传》。他认为况钟把诚心为民作为自己的行为准则，"公之尽心于民以尽心于国"。他分析况钟为什么敢在与户部的争斗中屡屡不妥协反而得到皇帝的支持，为什么况钟的一纸谕告就能号令全苏州，为什么朝廷中正直的大臣往往在关键的时刻支持他，最终的原因是"公积诚有以致之"，是在做每一件事、每一个细节当中发自内心流露出来的"真心实意"，不做作，甚至为了达成目标而敢于逆风而上。这种无我的状态是很多习惯于权衡得失的人所做不到的，所以他总结道："公之才，能吏或有之；公之诚，非实有其学，必不能不摇不夺。"此"诚"存乎一心，归根结底也是他涵养清廉、严以律己之所在。

用身教严管家风

　　况钟本不姓况，他在四十七岁以前一直姓黄。他的祖父况渊一家因在元末农民起义的战乱当中全家被害，只留下了他的父亲况仲谦。此时他父亲只有六岁，邻里黄胜祖无后，又看他聪明可爱，于是把他收为义子改姓黄，并在他长大后为其成家娶妻。故况钟及况钟的弟弟况镛出生后也一直姓黄。

　　况钟父亲临终遗言："吾本况氏子，遭乱茕然在孩稚中，非黄氏育之，况祀绝矣，今吾宁忍负恩。然为人子孙，何可不知水木本源之义。汝兄弟二人，一以复况之宗，一以奉黄之祀，庶几恩义两尽而无歉然者。"况钟知道自家坎坷的身世，特别是在为官以后，格外重视家族的传承与教管。

　　况钟一生育有五子二女。五子分别为宁、寰、宾、宇、守。由于他长年在外为官，对自己的晚辈花在教育上的时间并不多，只有祭扫祖墓或丁忧的时候才有时间回到靖安老家。但他又是一个家族观念很强的人，讲究慎终追远、饮水思源，他不仅按父亲的要求在永乐末期重新续上了家谱，请了很多当时有名的人物为家谱作序，而且对自己这个命运多舛的家族重新拟定了六条新的家规。其中第一条就是督促各家子弟努力学习，规定"春夏秋冬，当茶会、喜庆，聚集一堂，行礼之后，各支专长，必论以六行，课以六艺"。第二条是潜心本业，务有所成，要求"读者，父兄延师，笃志鸡窗，冀登科甲；家者，水耕火耨，拮据陇亩，期底丰盈；工则各捋率作，务精职业；商则懋迁有无，尘居市井"。

在外时，他也会经常与家里信件往来，教育他们做人处世之道，保存至今的是有名的《示诸子诗》，其中重点就讲道："我生际承明，幸厕春官列。虽无经济才，尚守清白节。汝曹俱长成，经史未明彻。岁月不汝延，努力无暂缀。圣学苟能穷，斯克续前烈。非财不可取，勤俭用无竭。非言不可道，处默无祸孽。临下必简严，事上务和悦。持心思敬谨，遇事毋灭裂（慌张）。惟能思古道，方与兽禽别。国家彰宪典，圣言良谆切。书此为庭训，各宜踵先哲。"

在这首诗里，他不仅提到了自己的为官做人，还要求晚辈们珍惜时光，努力上进，要求他们把这些话当作自家的家规家训。在他的督导下，除四儿子英年早逝外，二儿子和三儿子分别都中了秀才，一门两秀才，这在靖安大山旮旯里，也算是了不起的喜事。

在他家族的侄子中有一个叫况荣的，他经过自己的努力，在宣德末年当上了现在四川宜宾高县的知县。正统五年（1440）离任时当地百姓对他评价非常高，说他在任"诚心布公道，劝课农桑，诰戒孝悌"。在任时他与况钟多有书信来往，况钟曾作《又勉子侄诗》赠送给他，要他清白做人，廉洁为官，诗道：

> 存心立品贵无差，子教臣忠两尽嘉。
>
> 惟有一经堪裕后，任贻多宝总虚花。
>
> 膏腴竟作儿孙累，珠宝还为妻女瑕。
>
> 师俭古箴传肖者，取之不竭用无涯。

后来他又把这首诗以书信的形式寄给了在家的子孙们。

　　现在在江西省博物馆，还保存有一件有关况钟家族的珍贵文物，那就是《秋江送别诗叙》。这件文物是1963年省考古研究所工作人员从靖安况家后人手中征集而来，后就一直保存在省博物馆。同期征入的还有《况知府复任苏州赠行倡和诗卷》。

　　这件珍贵的文物不仅可以从一个侧面了解况钟的清廉，也可以从中真切地感受到况钟家教的严格。其中，张洪作序时就曾专门写道："子定观每于岁时，以田园水土物自靖安来省其父。留侍未久，受命辄归。其来也，惟郡中谨厚人，深沉有学士之人，得与交往，余人罕识其面。惟归亦然。"在《况氏族谱》中也记载了这一事情的大致经过，其中也有况宁在苏省亲时"耿介不妄结纳"的描述。这充分说明其子在苏省亲期间，况钟对他的要求是非常高的。作为一府之长官，如果对自己的亲属稍微放松管理，钻营巴结的人肯定不少，获取利益的机会更是不可胜数。但况宁在与苏州人交往时，"与人和而不失于流，持已严而不越于礼"，始终保持了一个谦谦君子的严谨风度。正是这种家教的传承才让苏州百姓感受到了况钟的正直与清廉，苏州人有感而发才会有《秋江送别诗叙》的产生。

　　二十多人的诗作当中，不仅有离人愁绪，更能令人真切地感受到况钟在苏州百姓及官员心目中的形象，也刻画了况宁严以律己的突出表现。如何澄的"行李全无金半寸，诗囊惟有字千行。故乡有问尊翁事，为说忧民两鬓霜"，还有李让的"觐省东吴远，归舟一叶轻。秋江分诀后，离恨不胜情"。

　　因为况钟的严格管教，加上他自身的清白处世，况家人在况钟二十多年的仕途生涯当中，没有享受到因况钟为官而带来的利益，有时甚至打擦边球可以得来的好处也因况钟的阻止而放弃。其中纳粟得官或纳马得官就是很明显的一例。纳马得官始于正统，行于景泰。正统年间朝廷因经济困难，允许极少数的富户或官员通过向国家捐赠马匹或粮食获得候补官员的资格。况钟的上级在得到这一消息后，就通过这种方式为自己其中的一个儿子捐得了一个官名，同时他也向况钟建议效仿自己的做法，反正朝廷允许，何乐不为？

但他的这种做法在苏州人看来是走了捷径，社会上议论很多。况钟思考之后，最终还是放弃了这一想法。

况钟此举无疑为其身后赢得的世人尊重再加上了重重的一分。因为纳马得官作了一个很坏的示范作用，此种制度性腐败为一些豪绅甚至地方上的无赖之徒干预当地治理留下了后患。同时市场经济的交易法则进入政治领域，造成了新的社会不平等，将劣马视作良驹，打开了疯狂腐败的窗门，为明清两朝的腐败堕落留下了深深的缺口而无法自愈。《寓圃杂记》中就记载，单苏州长洲一县，在成化十七年（1481）至弘治元年（1488），捐官者就达三百人，"凡僭拟豪横之事，皆其所为"，可见其对地方治理的破坏程度。后来的明张居正曾在给朝廷的奏章中说："援纳粟纳马等例，侥幸出身，殊坏士气。"同时代况钟的好朋友、身为内阁之一的江西人金幼孜在气节上就站在了况钟这边。在金幼孜临终的时候，他的家人要求他向朝廷上疏，为自己的子孙求以恩荣赐官，他却回答说，"此君子所耻也"。

况钟去世后，况钟的大儿子况宁后来也得了一个"恩赐冠带"，朝廷给予了荣誉称号。但他得到这个称号是因为在景泰年间，江南大饥，况宁把他母亲熊氏留下的"奁资"即嫁妆变卖，用以购买粮谷，赈济饥民，于是地方政府把他的义举上报朝廷给予表彰，此时已与况钟没有什么干系了。如果说有联系，只能说是况钟体恤百姓的人生理念通过他儿子的行为得到了实践，被况家后人很好地继承下来。

况钟虽然在学业上对后世子孙的帮助不大，但他正直的品格，勤勉的作风一直深深影响着后辈子孙。二百多年过去，清雍正年间，苏州人张叔琳到任靖安知县，第一站就是去况钟的老家，在祭奠况钟的遗像后，访问过况氏后人，他给予了况氏后人很高的评价，谓之"循礼蹈义，为邑之望族"。

通过况钟与家庭成员的交往，可以看出，他的身教更重于言传。虽然他经常与家人鸿雁传书，但因工作的关系，他更多的是以自身的严格要求影响他的后辈，以自身的政绩及社会道德评价来鼓励他的后辈，让后人看到了

王昌龄"洛阳亲友如相问，一片冰心在玉壶"的精神境界。况
钟作为家族的佼佼者，尽管在日常的教养上，他的父亲况仲谦
可能做得更多，但在性格的塑造上，况钟对他们的个性塑造无
疑是贡献最大的。从现有的资料来看，他的几个儿子都善诗作
文，成为了当地的文人。虽然他们的人生成就比不上况钟，却
都能自食其力，自立家门，并没有把况钟的地位和名望作为自
己的政治资本，成为人们眼中的垮掉的官二代。相反，况氏后
人在当地的影响比较好，多人以"隐德"称。后代日常谦逊处
世、耕读传家，施德于人而不为人知，这可能也是历经仕途风
雨的况钟最想要的吧。

明代圣旨《追赠父制》

朝廷颁给况钟父亲的勋爵称号圣旨复
制品，原件保存在况氏族人手中

勤廉理论探讨
及启示

行一善民受一善
收一文不值一文
——况钟

江西省靖安县况钟园林大门全景

况钟勤廉治政思想的探讨及他给予我们的启示

　　况钟是历史上有名的"青天"，以能干、会干、清廉出名。参与修撰《永乐大典》的张洪曾评价况钟："公为郡综理周密而不疏，施行甚易而不烦，可为为政之楷模矣！"后世守苏者也莫不叹服，在很多的驻苏官员及众多的学者当中，无论是私人书信还是官员的社会评价，都把他当作苏州社会治理的一个标杆。明代南都四君子之一的魏校①，曾在给时任苏州知府的好朋友王克敬写过一封信（《庄渠遗书》）。信中说道："于今，妇人孺子犹知称二公（况钟、周忱），敬之如神明，爱之如父母。"因此，苏州况公祠在况钟离世近六百年的时间内，几经兴修，况公祠的祭祀基本没有断过。清道光时，江苏巡抚、楹联大家梁章钜②还为新建的况公祠作了一首很有名的楹联来纪念这位先贤："姓氏谱弦歌，韦白以来成别调；功名起刀笔，萧曹自古是奇才。"上联肯定了况钟的治苏功业是继韦应物、白居易之后又一巅峰，下联则认为况钟的吏才与际遇堪比萧何与曹参，萧、曹都是小吏出身而济世留名的著名政治人物。从中可以看出况钟对这个城市的影响力有多大。

　　那况钟治苏的秘诀在哪里在呢？对况钟治政思想分析，有些学者曾经写过一些探讨类的文章，主要阐述况钟如何在苏州打开局面，如何进行苏州社

---

① 魏校：江苏昆山人，明著名官员、学者，弘治十八年（1505年）进士，著有《庄渠遗书》，与李承勋、胡世宁、余佑善，并称南都四君子。
② 梁章钜：福建长乐人，清著名官员、学者，曾先后任江苏布政使及江苏巡抚等，楹联大家，学问渊博，一生著作无数。

会管理所采用的一些方法。有些理论分析透彻，说理能力也很强，但其中触及其思想本质东西还稍显不够，还可以更深层地从况钟的思想层面进行论证，更多地从其本人的思想轨迹进行挖掘，找出其治政的思想根源。

明早中期是整个明朝社会的上升期，社会已基本安定。永乐之后洪熙、宣德直到正统年间，守成之君较好地继承了朱元璋的治国理政思想，百业俱兴。况钟的仕途历经四朝，宣德五年到苏州官居知府，此时他年届四十八岁，正是思想成熟的年纪，其人生观、价值观诸如封建社会士大夫所要求的忠、孝、廉、节及勤、慎、诚、勇等在认知与实践上已基本定型。

实践是思想的结果，实践反映思想的存在，个体思想也反证其实践的必然性和统一性。作为大明王朝最重要的地方官员，居于这个位置的官员起着承上启下的作用。主政一方，对其本人的单独治理能力是一个考验，是他政治人生的顶点也是他的思想表现最为显著的时候。在充分激发他潜力的同时，他必定有着坚定的基础思想核心并在实际运用中一以贯之，这从他的性格特征、待人接物、言谈举止、治理手段、奏章文字、所得政绩等中可以表现出来。

（一）

如何比较准确地概括况钟的思想内核，我想还是从前人对他的评价入手较为合理些。梁启超先生在他的《戊戌变法记》中曾说："前明循吏昔推况钟。"曾任南昌太史的苏州人张损持也曾说过："吾郡历来贤守以况公为首称。"把他作为循吏的代表人物。在《况太守集》的几篇序言中，后人也都把他列入循吏当中，称"循卓""循良"。司马迁在《史记•循吏列传》中评价孙叔敖说："法令所以导民也，刑罚所以禁奸也。文武不备，良民惧然身修者，官未曾乱也。奉理循职，亦可以为治，何必威严哉？"这里循吏的标准是"奉理循职"。朱瞻基在给况钟的赴苏玺书中就专门提到对况钟的要求，"尔亦宜奉法循理，始终不渝，庶副朕之委任"，也是希望他做一个标准的循吏。《汉书•循吏传》序记中提到循吏的标准是"谨身帅先，居以廉平，不至于严，而民从化"。两者释义"循吏"的中心意思就是"遵行律令、忠于职守、以身作则、宽民严己"。到唐朝颜师古,他对循吏的解释作了进一步的阐述:"循,顺也,上顺公法,下顺人情。"此为一语中的,更符合那个时代循吏的形象,具有那个时代的痕迹和阶级特性,因为公法人情明显是有儒家"仁"的思想内涵,也突显了人治的特点。循吏治政办案,并不是严格地按照律法,而是多在公法、人情之间寻求平衡,讲究"和为贵",甚至在不损害统治阶级利益时更多地考虑当地的人情世故、乡规民俗,更多地考虑儒家礼法思想的传承,如忠孝思想的弘扬,注重以"孝"理事治人,处理人际和家庭关系,往往以孝为先。

　　况钟作为明早中期有代表性的循吏,其思想的形成有三点值得关注。一是他从小在自己的家乡江西靖安受江右文化的熏陶,养成了强烈的节义之气。江西自两宋以来,文风日盛,到明前中期达到高峰,享有"文章节义之邦"的美誉,社会崇尚温良敦厚、轻利尚义。知识分子注重修身明理,秉承"为天地立心,为生民立命"的文化传统,走上仕途后,以"达则兼济天下"为己任。有明一代,江西循吏的数量在《明史》中最多,涌现了一大批循法顺民的典型。他们以天下苍生为己任,敢于为节义挺身而出,舍身为民请命。二是况钟接受了较为正统的家族观念,形成了很强的规矩意识。受传统礼法的影响,况钟四十七岁按照父亲的要求认祖归宗,亲自为况氏制作了家谱,还请了很多的名人作序,又为家族制定了六条家规,孝悌治家,长幼有序。他说:"父兄之教不先,子弟之率因不谨耳。"又说:"其有不听约束,怙终不悛、流入匪党者,各支闻公治之。"他还要求家族内部和睦相处,"冠婚必贺,丧祭必吊"。他在《示诸子诗》中勉励他们好学上进,在《又勉子侄诗》里教导他们洁身自好。他对逾越规矩的事物有着天然的排斥,自己以身作则、严格律己,一生过着较为俭朴的生活。三是况钟经受了严格的官场历练,有坚定的循法理念。他是礼部官员出身,对大明典律及各项规章非常地熟悉,"明于典故,动合章程",就是他在礼部为官的特点。在朝廷十几年如履薄冰的官宦经历中,他严谨踏实、处事有法,不仅没有受到过永乐大帝的处罚,相反,还前后得到了三十六次朝廷奖励，卓有贤声，为朝廷上下所推重，这也为他主政苏州打下了坚实的政声基础。以上三点，可以看出，他思想上具有"循法奉理"的处事源流和现实基因。考察况钟的施政行为，无不具有当时循吏所普遍具有的劝农桑、敦教化、平冤狱、恤百姓的施政特点。

除此之外，况钟施政还有这么几个独有特点：

一是条谕施政。这是他苏州治理的一大特色。他在《大明律》的基础上，针对苏州治理中存在的突出问题，以公告的形式进行治理。现今保存的三十多篇条谕中，涉及城市管理、乡村民俗、经济秩序等几十个内容，内容翔实具体，是研究明代地方治理的重要参考文献。依据社会的需求，他也作出新的规定，革新废旧，以保障社会的正常运转，引领风俗，端正社会。现在苏州沧浪亭里的五百贤祠里，况钟的四句赞语中，第一句就是"法行民乐"，说明况钟对制度建设的重视，把依法行政放在了很高的位置。明散文家、命运坎坷的归有光后来在《送宋知县序》中也总结当时的治理手段，称"其法至为纤悉"。

二是法顺民意。时人评论况钟施政，"其设施，一从天理人情体验而出，故能深入人心"。看他所颁布的政策条谕，多是民众反映强烈的社会现实问题或急迫需要解决的问题。从另一个角度说，他政从民出并不为过，他充分听取百姓的意见和建议，在现有的国家大法的框架下再作出具体的规定，这可能就是孟子所谓的"徒法不能以自行者"的终极解释吧。再好的政策，如果没有一个卓越的执行人也是空谈，好的执行人必须真正领会法的真正涵义，"措置恒得法外意"，这才是善用法的典型。苏州人董国华在评况钟施政就说过："公教条之颁，章疏之达，皆能经事综物，言简意赅，砭俗规世，裨补政教。"这可以看出况钟在制定政策时充分考虑社情民意，注重实事求是。

三是法纪严明。莫愚是与况钟同时间赴任常州知府的官员，周忱曾在《送莫知府序》中，强调了法的重要性。"养民者，仁也，卫民者，法也。法不施则仁不得以行。"史上称况钟"令行秋霜"，他的部下长洲知县韩瑄就形容过自己的直接上司"坐镇黄堂春昼永，号令森严更齐整"。纪律严明，法纪也严明，除刚上任时处理不法吏胥严惩不贷外，后期他对违法官员同样用法严格。如吴县知县白圭因家属收受当事人白银三十两，况钟将其拿赴解京进行查办，毫不容情。对违反条谕规定的势豪大户，他也绝对还以颜色，坚决处理，虽有争议也不妥协。这就让法在苏州社会层面具有很高的权威，以至政令朝发夕行，略无迟滞。苏州后来民风的好转与他的这种执政风格有着莫大的关系。时人总结为"法令敷彰，教化大行，民乐其治"。

综上，可以认为"循法抚民"是他勤廉治政思维的特征之一。

有一些学者把他的忠君爱民作为其重要治政思想，如苏州学者《况太守集》的编印者吴奈夫先生就在多篇有关况钟的文章中表达了这一观点。他认为况钟在苏州的改革是在儒家"忠君爱民"的思想指导下才开展起来的。这个结论是符合当时时代性质的，也符合朱元璋的治国理念。况钟的治政思想跳不出这一思想的整体框架，是这一思想在那个时代的再发挥、再弘扬或者说是一次典型的集中展示。但况钟作为一个地方治理官员，他的业绩着重表现在地方治理上，而不是着重表现在政治上或者说政策的重新规划制订之中。他的施政基本依据是现成的朝廷法规及路径，作为一个地方官员涉及的政治层面的事务不可能表现那么突出。再是君法具有天然的统一性，法是统治阶级意志的外在表达，他们之间没有本质上的矛盾，用现代治理的眼光来取舍，法的观念为现代人所接受，而忠君是封建社会的产物，这其中必然要作一个区分。当然，要说明的是，况钟的忠君思想有着充分的现实依据。

宣德六年（1431），况钟丁忧回家后的当年秋天接到夺情起复的通知后，他立刻打马回苏州，还写了一首诗表达此刻的心情：

> 闻讣家居秋始阑，夺情起复又加鞍。
>
> 别帷只为君恩重，抚印重看士庶欢。
>
> 报国一心何日尽，哭亲双泪几时干。
>
> 作忠移孝纲常重，业业兢兢殚寸丹。

　　这里他把忠摆在孝前面，是儒家思想中移孝作忠的集中体现，是传统知识分子在处理忠孝问题上的一贯做法。即使是在家人的生离死别中，纲常也始终是第一位，是为之竭尽全力而奋然不顾的。因为尽忠才是孝的最高境界，也是孝的最终归宿，是责任也是义务，更是个人人生价值的取向。特别是朱元璋以来，把理学纲常作为思想统治的正统进行强力地传播与渗透，理学思想始终占据了道德和思想的制高点。加上经济环境的逐渐改善，百姓的生活有了一定程度的提高与安定，整个社会也逐步认同了这一价值观。拥有这一价值观的人群在当时的社会有着强大的正义感。这是这个社会阶段所决定，是社会发展的必然规律。在况钟的大部分奏章或其他诗词文赋中，不乏"宜体朕心""报效朝廷"等颂词，这都不奇怪，他已成为了一种公文的格式也不为过，只不过因人而异用得多或少罢了。不仅如此，诗中"抚印重看士庶欢"，也让我们看到况钟的忠君与爱民思想相统一的一面。忠君在实务的操持上不如说是为民，正如朱瞻基给况钟的敕书中所说"国家之政，首在安民"或"以安民为先"以及"兴利除弊，一顺民情"等，说明统治阶层此时较为重视民生，也把改善民生作为执政的关键性指标，抚民是作为忠君的最重要检验标准。况钟任上把安民、抚民作为自己的神圣职责，他所有的工作也全都是围绕着这一主题来开展的，把安民作为全部事业成功的落脚点和出发点，所以把握况钟思想的脉络，应当更关注他的民生为本这一点。

　　这里特别要指出的一点是，作为现代人特别是党员干部应当辩证地看待忠君思想。毛主席曾在《实践论》当中提到："在阶级社会中，每一个人都在一定的阶级地位中生活，各种思想不无打上阶级的烙印。"因此探讨历史人物的思想只能是借鉴而不能照搬照抄。分析况钟的忠君爱民思想是不能回避的极其重要的课题，正确地看待和处理况钟的"忠"，不仅有助于判断分析这个历史人物，也有助于发现忠君思想的危害，减少此类思想消极作用的发生和传播，正视而不是回避才是实事求是的历史唯物主义态度。作为政治文化的一部分，它有其历史的渊源和必然，由当时的社会历史阶段所决定。同时，它与其他传统文化一样具有两面性，特别是反映出了个人人身依附的封建社会关系，具有负面、消极和破坏作用，是产生官僚主义、特权思想及家长制的温床，对其中的愚忠等糟粕应当予以剔除。而况钟对职守的忠诚，对自己立身做官的准则的忠诚，对正气的感召，和他自身所具有的刚正清廉，则正是党员干部所要学习传扬的，这要求党员干部把忠于国家、忠于人民、忠于党具体落实在自己的实际行动当中，成为一种政治自觉。正如学习岳飞的"精忠报国"与诸葛亮的"鞠躬尽瘁"，他们都有着忠君的成分，但不妨碍我们学习吸收其中的国家大义、为国分忧的家国情怀。

（二）

况钟曾在苏州府衙内堂专设了一间小房子，取名为"退思斋"，专门用于自己在公务之余思考问题、检讨不足。他在《退思斋记》里谓之"进思尽忠，退思补过"。他还专门拟了一副对联，"行一善民受一善，收一文不值一文"。这副对联很好地反映了一个传统儒家知识分子对达济天下的理想和处政之道的实现途径。儒家文化的最高境界就在于"止于至善"，以达中庸之道。在小农经济社会里，孟子关于的仁政目标就是："仰足以事父母，俯足以畜妻子，乐岁终身饱，凶年免于死亡。""善"一直是几千年官方意识形态的根本，也是一代代士子仁人的精神信仰。"举其善而扬之于众"，《国语·晋语》说"善，德之建也"。善是德的主旨与要义，这就是况钟心目中从政治政所想要的结果，也是宣宗颁给他的敕书要求的："必使其衣食有资，礼义有教。"

靖安山高林密、物产匮乏，况钟三十多年生活在靖安人民之中，与他们打交道，对他们艰苦的生活状态有着十分深刻的认识，他别号"龙冈"就是有一种深深的乡情民情在心头。加上明初江西也同样是赋税繁重的地区，一些官员胥吏穷尽手段，枉法肥私，使本就生活不易的百姓终岁南亩却处于水深火热之中。况钟到任苏州后，对下面反映的百姓生活"外无秋收之望，内有饥寒之逼""居则无容身之地，出则无投足之乡"感同身受。从他的内心来论,他对地方治理施德政有迫切的心理要求,以实现满足儒家治世济人的理想,因此,他撰这一对联反映了他的内在心声。

如何行善施仁政,实现自己的治理方略?他有一段被称为其从政座右铭的话反映了他的施政策略:"卑而不可不牧者,民也;迩而不可不察者,吏也;严而不可不用也,刑也;微而不可不崇者,德也。不植其德,难施乎刑。不施乎刑,难正其吏。不正乎吏,民曷由安之?"这段话,基本上是对《论语》"道之以德,齐之以礼"与"道之以政,齐之以刑"的治理观点作了进一步阐述。一方面可以看出况钟受儒家思想影响之深,另一方面也体现了他所认为的治理重点及难点,把他的安民之道较为清晰地表达了出来。依据这样的理念,他用十三年的时间做出了被苏州百姓称道的德政、仁政、善政。

一是果敢作为,惩恶扬善。"不正乎刑,难正其吏。"况钟把治理的重点放在"吏"这一群体,有他充分的理由。苏州社会呈现危机的状况,很大程度就是基层官吏的不作为或乱作为所导致。所谓吏其实就是各级官僚机构中的办事人员,他们处在官与民之间的位置,处于承上启下的地位,官府的决策需要他们来执行,民间来官府的来往需要他们来沟通。吴敬梓的《儒林外史》曾对一些不法胥吏吃里扒外的种种不法丑态做过很细致的描写。苏州之所以出现人口逃亡、欠赋日重、冤案遍地的现象,无一不是基层官吏参与的结果,他们是造成苏州社会危机的最重要症结点。同时,吏手中掌握了大量的行政资源,他们行政效率的高下或清廉与否,直接关系到百姓的安乐。苏州大学教授王仲曾写过《况钟治政思想探析》一文,他在文章中说:"吏的这种工作性质决定了他们充当官与民的中介角色。官的决策由去他们执行,民间与官府发生的联系也由他们去办理。如果吏如实地去履行自己的角色,那么官府决策执行起来就不会走样,同样民间与官府之间的经济事务也不会出现大的问题。"但在现实中,吏并没有像理论上期待的那样履行自己的职责,他们在利益的驱使下充分利用自己的职权,与地方不法官员及豪绅大户勾结起来,共同鱼肉百姓或侵蚀国库,加上江南赋税过重的因素,更加民不聊生,呈现

万户萧条的景象。

苏人说："苏之吏弊，蟠结甚固，不施辣手，何以能使百年蟠结之势，崇朝铲削？且既削遂不致复萌乎？吏弊除，而后泽民之政，可次第施行。公诚知所先后而得张驰之宜者矣。"由是观之，况钟施政的第一把火烧向吏治是很自然的事，是为了今后的颁布的各项条令政令能有条不紊地贯彻落实下去而不至于变形落空，也为了树立新知府的威信。他在任内多次对基层官吏队伍进行整顿，清退不合格的胥吏。由地方政府把关，力图建立一支干净办事的税收管理队伍；对驿站的管理人员从严要求，建立馆夫簿，杜绝从中谋利现象的发生等；在治安上，修理警铺铺座，以供巡铺者休息和躲避风雨，每百户设置铺长五名，定期报告治安情况，边僻地方，"置栏门锁，朝开暮闭"，形成群防群治管理网，一遇盗情，各铺响应。

况钟重视及提拔官吏的力度也是非常大的。通过他的培养与提携，一些官吏走上了更重要更高的位置，有的品级后来与他同样高，有的通过自己的努力上了《明史·循吏传》。在苏州地方志里，他任上的大部分基层官员历史评价都非常好，很多地方志都为他们单独立传以弘扬他们的政绩。对更基层一级吏的选拔，他也很注意把地方上一些优秀的读书人选用到官府中从事吏的工作。一些当时苏州有名的文化人如刘珏等，年轻时都曾经被况钟邀请从事吏的工作，这说明况钟很注意从民间选拔人才，其他被他选用的人才肯定不少。

在平反冤狱的过程中，况钟力主在最短的时间内为蒙冤的百姓还一个公道。他曾在八个月审结一千多件案件，对不关心百姓疾苦、乱办案冤枉百姓的官员李立及张徽，他极力弹劾，杜绝了百姓因此拦街告状的现象，被百姓呼为"况青天"。在他擒制豪民、打击污吏的政策下，不法吏胥的梗阻问题得到了较好的解决，盘剥现象得到遏制，逃亡在外的流民纷纷归附。如昆山县有民负海为固，多年官府无能为力，闻公善政，"奔走服役恐后矣"，这使社会进入到一个相对较和谐稳定发展的状态。

况钟的敢于治吏，体现在他的勇气与胆魄，动力源于心中的正气，思想归于仁政的观念，这是一种内在精神气质的外化。世人曾公认其为政三大特点中的第一个就是"刚正之气"，刚而硬，正而中，明人称其"性刚明，见事必为，不计成败，然卒皆底于成"。这种气质就使他对待善恶之间有着泾渭分明的态度，敢于表达并付诸行动，对歪风邪气及官场腐败能够做到"靡暴弗驯"。他在斗争中不畏权势，在逆流中体现个性，对弱势等需要关爱的群体则"靡瘁弗煦"，平冤息讼，锄强帮贫，把人间温暖的阳光照进渴望生长的心灵，"庇千里惟其仁"。

　　如何看待他大力整顿吏治的行为与其"善"政的关系？从哲学及人类学、社会学的角度看，善与恶因人的存在而存在，是人的主观意识对自然与社会的特定反映。他们之间是对立统一的关系会在特定条件下相互转换，并以客体的主观标准判断不同而因人而异。况钟在苏州治理上就体现了这样的对立与统一。一是整顿吏治是安定百姓的一种手段。兴利除弊是为政者的责任，对奸吏滑胥采取强力的措施正是除弊的一种形式。对"恣肆贪刻、剥削无厌"的官吏加大惩处力度，正是让百姓能直起腰来，也是朱瞻基给况钟的任务之一。否则，安民无从谈起。二是恶去善来。善恶是互为对立的，只有除恶务尽，才能彰显善的力量与益处，恶不尽，善不出，对恶的零容忍就是对善的大慈悲。《况钟治理苏州前后》一书，其中对况钟在苏州的治理有一个很明确的观点，他认为况钟在苏州最大的功绩是"除暴安良"，这也是他的为政特点，"暴"针对的是少数人，"安"的对象是绝大多数人，无暴难安良，对朝廷对百姓对社会来说是"善"。杨荣曾在《题孤峰叠秀图送太守况钟复任》中提到："锄奸击暴植孤弱，诗书比屋声相传"。况钟所有的手段都是为服务于扶善而作出的准备条件，也是必要条件，它们之间是一个互为表里的关系，或者说是逻辑关系，他所有的善都建立在其他各类的行政及法制手段之上。三是对官场及整个社会起到警示与威慑作用。对任何人而言，时刻要做的是警钟长鸣。人自有惰性与贪性，惩处不法官吏，对其他人就是一种示范与教育。惩处一小部分人，挽救一大部分人，这也是政治辩证法，是一种极为有效的治理手段，帮助了大多数人少犯错误甚至不犯错误，可以说也是另一种"善"的表现。

二是担当务实，薄敛施善。清康熙年状元彭定球对况钟在任上的经济改革曾评价："吴民世受公之赐，正是无穷，宜若何崇德而报功也。"况钟花费巨大的精力，不遗余力削减田赋，废除苛捐杂税，态度极其鲜明。他上报朝廷的多份奏章中，坚持把地方实情如实地上报并提出自己的意见和建议，即使是在亲朋好友的劝谏下也丝毫不动摇个人的意志，甚至指出在减赋上朝廷的失信与不作为。通过况钟几年的努力，宣德七年，减免官田税粮七十二万余石，抛荒官田税粮十五万石，运南京的税粮七十四万余石改由官军自苏来运，运山东临清的减去六十万石，占一年苏州百姓的税粮负担四分之一多，运费支出减免三分之二，而且已征收运费的一半可作为济农仓的预备粮，节省了大量人力也不误农时；在流通环节，设立纲运簿，"明载用数，多余给米，用时令其自填，官为查核，交与受俱不敢逾额侵渔，剩米仍着载回还官"。一年节省下来的米粮，"代纳民户折马草及绢、小麦诸税数十万石、匹，不复别征。并粮长收时之浮耗亦免。民尤鼓舞，以为喜出望外也"。后又设立济农仓和义役仓，托底社会，平均役负以减轻百姓负担。正统元年，因粮食产量大增，生产恢复到历史最高水平，经过他与巡抚周忱的争取，重额官田分二次再减免，又减秋粮税赋八十万石，到正统三年，已是官库丰盈，当时淮阳遭灾，"谷价腾贵"，苏州每月拨解剩余米二万石屯扬州支援淮阳，"时苏郡官民皆足，故能有所旁及也"。

在废除苛捐杂税上，他也是充分调查事情的来龙去脉，还事物以本来面目。对强征不合规的，坚决废除；对额外追征的，争取支持不复征；对历年的旧例同样不合理的，及时向上说明情况，改革旧制；对一些粮长及吏胥钻制度的漏洞，巧立名目收取的，他改变传统的税赋征收方式，如由粮长包收改为设专门粮库，由百姓自送，并设立标准的量器具，极大地压缩了旧日粮长侵渔的空间。在诸多的改制、改革中，有些也是经过了较为艰苦的斗争甚至得罪了一些利益方，但他始终坚持执行这些为民的善举，为当地营造了休养生息的经济环境。

　　他曾在巡抚周忱抚民江南时，写了一首贺诗："吴江凋瘵最堪怜，敢不披诚吁九天。原借春膏频广注，万家歌续召郇篇。"这是当时他心声的真诚流露。召氏与郇氏都是历史上大善人、大好人，名望之家，如郇氏在西汉时的郇越，曾散发先人遗留下的千万资财给九族，人们都赞扬他们的高洁，称赞其是"仁"的表现。"德唯善政，政在养民"。孔子对于善政的表达也是主张节省财力，减少赋税，多给百姓好处，减少百姓的无偿劳动，使百姓富裕起来。孔子说："敬事而信，节用而爱人，使民以时。"又说："博施于民，而能济众。"这些儒家治理思想都在况钟身上得到了体现。况钟在贯彻这一思想过程中最大的特质就是务实担当。这是后代世人评价其另一个为政特点"卓特之才"的实质表现，所谓"卓特"除了自身的才能外，最重要的一点是集众人之智。他重视在实践中调查研究，善于发现解决存在问题的根源及难点，倾听百姓的真知灼见，把握社会的真正共识，能够比较清晰地看到革减税赋及其他改革后带来的社会变化及各方不同反应，也能够为最终的结果承担应负的责任。这是一般"唯上""唯虚"的官员所不会做也不能做到的。一般官员在处理政务改革时，相当程度上会考虑上下平衡、利益平衡、左右平衡，羁绊太多，牵挂太多，而他的每一项"改"与"革"的举措皆来自心系苍生薄敛施善的思想基础。诚如曾任苏州知府的雷州人王梦龄[①]所说："公兴革利弊，皆由上有文襄，故克行其志。余独谓世不患无文襄，患不如公其人为民请命，斯民命无由请耳！"况钟在《劝农诗》里写道"迩来弊革应须尽，并戴尧天荷圣仁"，正是他这种思想的真实反映。

　　三是崇德向上，教化褒善。明代县以下的都、乡、里、坊都是民间自治机构，

----

① 王梦龄：广东省雷州府海康县人。曾任苏州知府、徐州兵备道、漕河总督等。他"通敏卓练"，在江苏徐州任职十年，"御灾捍患，功德在民"，入徐州名宦祠。

治理上要依靠地方乡绅、耆老等一些当地德高望重的人来共同管理。他们担负起一些公众事务的组织与实施，如调处纠纷、差役派遣、兴修公益等。因为他们拥有巨大号召力，所以况钟十分重视发挥他们的作用，特别是在地方的治理上，他极力把社会各类矛盾化解在源头处，保证社会的平稳运行。

在这一过程中，况钟配套了三项措施：一是恢复和设立申明亭和旌善亭。申明亭专门用来调处各类邻里田土、财产争议及婚丧矛盾等，旌善亭用于表彰那些为地方做出表率的好人好事及为地方做出善举的杰出人士。二是设立善恶簿制度。对为善作恶进行分类，逐项予以登记，善行给予旌奖，恶行作为处罚的依据。三是恢复传统的乡饮祭酒聚会，相当于地方上的年底总结，请一些有名望的人、对在"寝息词讼"或安定地方方面有突出贡献的耆老担任主要嘉宾，教化崇礼，以引领一方风气。

"不植其德，难施乎刑。"这本来就是治政的辩证法，一阴一阳，德为刑之基，刑为德之助，他把德之教化作为细小而普遍的工作来做。况钟看到当地民间诉讼之风不止，累案新案繁复且不断增多，牵涉人口众多，一案复加一案，案中有案，相互牵扯累年不清，为淳化风气，教化民众，他号召并牵头重修泰伯庙。通过说教与道德灌输，教化苏州百姓息讼和好，使"让"精神成为化解社会矛盾的道德基础，并力争使其成为吴地的风尚之先。对一些民间纠纷，他善于抓住典型，用传统的道德进行开导与说教。对因彩礼而耽误婚期的，他说："婚姻为人伦之始，岂可论财以失男女之时。"对无故不葬的，他说："殡葬为送终大事，岂可以年月不利，家道贫乏，暴露其亲。"这些都让一些人不断得到醒悟，"匪公之惠，吾罪曷除"。

在具体的社会风气治理上，相继出台了各种条谕及告示。如《广励风化榜示》，彰善化民，奖励年高品正者，优待读书人，照顾孤寡良善之家等；颁布《绅士约束子弟示》，要求各绅士之家各加检束子弟，如犯，并将失教之父兄惩治；发《通禁苏民积弊榜示》，后又再发《严革诸弊榜示》，对出现的社会风尚及城市管理中百姓反映强烈的民风败坏的重要事项进行通告严革，正如翰林院陈继形容的一样："民利兴之，民害除之；民役困者休之，民讼屈者直之；民纵而败礼者禁之，民猾而蠹善者赅之。"

他还非常重视教育，注重加强地方文化设施建设。从吴县县学开始，他在周忱的大力支持下，重修或新建了一批学校等文化机构，包括范仲淹祠（含文正书院）、伍（子胥）祠等，选拔了一批有真才实学的人担任教育部门领头人，甚至对其中非常优秀的还向朝廷进行推荐等。他曾说："诸生诚有行修学博，可为朝廷任用者，则奏荐之。在学多年，老成端重，不失为多士楷模者，则宾礼之。"在地方财力困难的情况下，他邀请有经济实力的乡绅出资编写教材，对其中的教材他还亲自把关，如后来有一定影响的《四书详说》；对困难学子，他也尽自己最大的能力给予必要的帮助，史书上这样的例子非常多。

四是踔厉不懈，公益积善。况钟在任时所办的实事，很多在他的《况太守集》里并没有得到展现，有相当一部分散落在文人的笔记、地方志甚至后人的偶然提及。如修建桥梁多在地方志，《况太守集》并没有作记录，庙堂重修的记录多在内部传记中。但从现有查核的史料来看，苏州的很多著名景点景观，如虎丘、寒山寺、玄妙观、定慧寺、文庙等都有他重修或捐修的记录，其他的亭、台、楼、阁更是无法统计。如苏州中学的道山亭，只见于江西人黎扩的《重建道山亭记》，其他无记载。虽然很多事迹被时间所淹没，这些事也可能无法同他减赋平冤这样的大事相比，但就现在有据可查的，梳理出来同样是一个可观的数字。

从时间轴向上看，况钟每年都要做几件使民众受益的实事。他形成了一个不间断的时间链条，勾画出一个勤于实事者的足迹，显现出其在事业的发展中锲而不舍和奋发进取的精神。除了兴修水利这种常规的基础建设外，他在建学、修桥、新驿站及开粮仓、开辟道路、捐修祠堂及庙宇等，每年均可以列举出不同的项目来。有些现在还可以看到当年的遗迹或基础的框架，如苏州的觅渡桥、苏州文庙大殿等。一些小细节也生动地反映了他曾经的工作状态。如他第一次"丁忧"离任时，为安排好工作，他"秉烛治任，诘旦就道"。

基层走访期间，"民瘼辄见之施行，略无迟缓"。而他即使是在生命的最后一刻还在与同僚商量工作，这些都直观地再现了他对工作的认真态度和踔厉有为的工作气质。

在方法上，他善于在困难中想办法，在路径中求突破，集思广益，深挖潜力，充分利用民智民力。一是充分利用资源，谁受益谁出力。如宣德八年（1433）长洲县境内的桥梁出现人为损坏，他就督促当地组织修缮并做好桥梁的看护。二是鼓励大户乡绅出资。在一时无资金着落的情况下，动员当地的富户出资，激励他们多行善举，为当地百姓造福，一些桥梁的修建改建就是按这种方式完成的。三是多方筹措，在财力不允许的情况下，一年办不成的事情，分几年几步，一年筹办一部分，逐步完成，如苏州府学的建造就分了三年才完工。四是节俭办事，充分利用现有的资源，旧材利用，库存变现等，挤出资源资金办实事。

很多学者忽视对况钟在任时所办实事的关注，可能与他们往往只重视《况太守集》这本由况钟本人留下来的治政资料有关，缺乏对其他散落在不同史料中的收集及梳理。作为历史中的一个实干家，他办实事的情况很直接地反映他的勤廉治政思想，虽然其中没有很多的豪言壮语，不为人重视，有的只是默默无闻地付出，但这正是一个干实事应有的样子。从况钟在苏州尚存的星星点点的遗迹里，可见先人的辛劳与泽被一方的情怀。"天下事必做于细，天下事必成于易"，这是后人应当学习和效仿的地方。

作为一名封建社会的官员，况钟所有的"植善"归根结底都可以看作是维护正常社会秩序的一个社会利益关系调整，是一次区域内社会关系的结构性改革。他较为妥善地处理了君、民、官吏之间的关系，使之处于一个较为平衡的状态。正如《孝经》中所论："先之以敬让，而民不争；导之以礼乐，而民和睦；示之以好恶，而民知禁。"实践中他的这一做法受到了苏州百姓欢迎和拥护。因此，概括况钟的施政行为，是一种行善至仁的治理思路，总结一句话是"植善安民"，这是况钟的第二个治理思想。

（三）

围绕"民"这个重点，况钟把儒家思想的精髓用于实践指导，实现他上忠下牧的行政目标。在这二者之间，作为承上启下的一名主政地方官员，除了能力上的要求外，对他品行的要求社会也同样苛刻，容不下任何的非议。在如何约束好自己，清廉示人以带动一方风气的清明方面，况钟始终保持了他一贯的清廉作风，其持身思想也是有根可循，得到了苏州百姓及后世的良好评价。

况钟除了在第三次离任苏州告别苏州百姓时，有一句"清风两袖去朝天，不带江南一寸绵"的自我总结的诗句外，其他标榜自己如何清廉或吹嘘自己是如何一身正气的话语基本上没有，这只有无愧于心才敢于说出这样的豪言壮语，是他内心的自然流露。况钟是一个行胜于言的人，倒是旁人目睹他几十年一贯的工作作风，不断地给予他清廉的评价。宣宗皇帝就曾说："知府一郡之表率，而行之自廉始，钟必能持廉。"他通过对况钟多年的观察，对况钟能够严格要求充满了信心，可能这也是他选任况钟作苏州知府的重要原因之一。苏州作为当时的经济重镇，如果没有一个始终保持清醒头脑、经得起利益考验的人来坐镇，就很容易被利益所裹挟而变得同流合污。

明三世名臣金幼孜说："伯律才识敏赡，居官以廉慎著称。"要求一向严格的老上级内阁首辅杨士奇，对他在苏州的作为更是赞赏有加，给予了他很高的荣誉，就如后来的明思想家李贽在《续藏书》里说的一样"廉洁之操，一尘不滓"，这是他的第三大为政特点：洁清之操。至于苏州当地的官僚及普通百姓文人对他的赞誉那就更多了，不尽溢美之词，难以尽述。这些都充分说明他的清正廉洁得到了社会的肯定，是赢得百姓拥护与爱戴的从政密码之一。

个人对廉洁的看法、对自身的要求及处世规则，其中最能反映其内心真实想法的应当是况钟写给家人的诗书。现今遗存下来有两首况钟给后人的诗。况钟在《示诸子诗》里这样评价他自己，"我生际承明，幸厕春官列。虽无经济才，尚守清白节"。这种自谦的说法等于在向后人表明自己的心迹，也是一种自我的认可。自己虽无经天纬地之才，但对节义非常看重，坚守了自己的初心，随后他又说："非财不可取，勤俭用无竭。"不属于自己的东西不要去占有，勤俭节约一生才可能用度无尽。这也就能解释为什么身居富庶之地，身为地方长官的他始终保持了俭朴的生活作风。在当时苏人以奢靡为荣的社会氛围下，他却以节俭为美，激浊扬清于当世，显示出寒梅傲人的姿态。内阁杨溥说他"此君一段冰霜操，独守姑苏傲岁寒"，正是看中了他的这一品行。

古语云"俭能养廉"，常人节俭是持家富家之道，官员则是立身之谋。司马光曾在《训俭示康》中教导自己的儿子："夫俭则寡欲。君子寡欲，则不役于物，可以直道而行；小人寡欲，则能谨身节用，远罪丰家。"遵循这一理念，况钟在《又勉子侄诗》里又重申了自己的观点："惟有一经堪裕后，任贻多宝总虚花。膏腴竟作儿孙累，珠玉还为妻女瑕。师俭古箴传肖者，取之不竭用无涯。"只有儒家的经典才是后代享受不尽的财富，留给子孙更多的财宝都会成为他们的累赘。这里他再次强调了节用之道的好处，要求他们好好遵守。此处并不能认为"俭"就是排斥和拒绝过贫苦的生活，也非做人生的苦行僧，而是警戒过犹不及，正确地看待金钱与财富，告诫后人不要"唯财是举"，更不能为此突破做人的底线，否则极易引向灾祸。在给后人立的家训里，他把耕读传家，忠孝立世作为自己家族的箴言，而把金钱的位置放得很低。况钟的这一价值观贯穿了他在苏州为官十三年的整个过程，不动不摇，既经受了实践的检验，也影响了后世。历史学家吴晗这样概括况钟在苏州的生活："况钟生性俭朴，住的房子没有什么陈设，吃饭也只用一荤一素。做官多年没有添置过田产，死后归葬，船上只有书籍和日用器物。"后世朱胜、陈鹏年、桂超万等莅任苏州知府的有所作为的官员，不少把他这种"坚姿劲格""冰霜情操"作为自己学习的楷模。现在的苏州市委、市政府把"廉石精神"概括为"廉俭、厚德、正义、民善"，这些特质都可以从况钟身上找到相关的印证。

况钟以廉得人，"无粒粟寸丝苟取于民"，这是他在"能吏"声名之外能够获得历史青睐的一个极其重要的原因。历史上能者众多，以能而廉者廖廖，政声留人，清名留世，他的"廉政得民"思想带给了后世不少的启迪。清道光年间，参与修建如今西美巷况公祠的钱塘人陈文述，在《明苏州府知府况公祠记》中描述况钟的历史地位："余惟苏东南之大郡也，而称贤守者，在唐则韦公、白公，明则况公。顾韦、白之名，为文人学士之所推重，而老幼妇女至今称道勿衰，青天之名阅数百年而众口如一者，厥惟况公。"唯其如此，才有清修《明史》里"钟刚正廉洁，孜孜爱民，前后守苏者莫能及"这句后来才加上的话。这个概括，以况钟任苏州知府为节点，上溯千年，下延二百年，把况钟与一千多年间的历任苏州知府作了一个纵向比较。一般而言，清修《明史》在史学界都认为是一部具有很高质量的史书，历史编纂者作出这样一个结论，不是凭空而来，而是有着大量的史实作为依据。

（四）

况钟把"为民"作为他勤廉治政的落脚点和归宿，可以从以下几点找到答案。

一是忠君即是爱民。 中国人自古就信奉天人感应，历代有作为的贤明君主作为"天选之子"，相信天意即民意，民意也是遵从天道，他们之间是一个有机的整体。选任况钟的宣宗朱瞻基是明代较有作为和贤明的一代守成之君，他较为关注民生和选贤任能，在位十年，"吏称其职，政得其平，纲纪修明，仓庾充羡，闾阎乐业"，社会发展蒸蒸日上。他给况钟敕谕的第一句话就是："国家之政，首在安民。安民之方，先择守令。"他把国家的治政之要与守令及守令的职责关系简单扼要地清晰表达出来。君可以视作代表国家的一个符号，忠君即要爱民，民为国之本，本固邦宁，守令的职责是以百姓的休戚为重点，守土有责，安定一方。与况钟同时赴任的其他八任知府都能彻底执行他的治国方略，把爱民作为政治上忠君的最高要求，因而以况钟为首的九人在历史上都有不错的口碑和历史评价。

二是朱元璋的民本思想影响。朱元璋不是贵族出身，他从社会最底层走上来，对下层百姓的生活与体验有着最直观的感受。在领导改朝换代的剧烈社会变革中，最能体会"君舟民水，载覆无常"的历史教训。他曾对君臣言："思昔在民间，时见州县官吏多不恤民，往往贪财好色饮酒废事，凡民疾苦视之漠然，心实怒之。"因此，在休养生息、发展生产、轻薄徭役、节己顺民等方面出台了一系列休养生息的政策，他甚至鼓励百姓监督官员，对其中做得好的，给予奖励。终其一生，虽然他抑商重农，但他在传统的民本思想上落实得相比较而言算好的，在明前中期影响深远。他说："国家命任守令之事，若不能福民，则是弃君之命，不敬孰大焉。"朱棣继承和发展了朱元璋的"民本思想"，他也曾说过"如得斯民之小康，朕之愿也"，推动农业生产上也多有建树。在"仁宣之治"时，朱高炽及朱瞻基较好地继承了这一思想，因而有了中兴气象，为后世肯定。作为政策的执行者，况钟贯彻了这一理念。

三是儒家文化的滋养。明王朝为维护中央集权的统治，以"崇儒重道"作为治理天下，端正人心的基本策略，社会精英无不受这一思想的浸润。儒家思想虽然自理学兴起后日益守旧，但儒家文化中的正心磊落，其所特有的异常坚韧品格和向上向前的豪迈气概成为况钟仕途生涯的强大精神支柱，笃行不怠，精诚之至。通观他的一生，对他治政及廉政思想影响最大的是他的第一个恩师——靖安知县俞益。俞益"持己爱民，始终一节"，始终坚守自己的儒家信仰，济世悯人，关注民生，况钟治政风格都可以在俞益那里找到印证。他们共同的理想目标正如其在《劝农诗》里所述："丰粮有兆流亡免，游惰无民风俗良"。这也与当时的守成内阁以"三杨"、周忱为首的领导阶层也有重要关系，况钟在礼部几年与他们朝夕相处，受他们的治政思想熏陶，在苏州时又常得到他们的指导。《明史》论"三杨"："三人逮事四朝，为时者硕。溥入阁虽后，德望相亚，是以明称贤相，必首三杨。（三杨）均能原本儒术，通达事几，协力相资，靖共匪懈。"再是生活与文化环境的影响。江西既是节义之邦，孔孟思想培养了众多的虔诚门徒，在有明一代也是一个赋税繁重的地方。

况钟爱自己的家，关注百姓寄托了他的乡梓乡情。他熟知百姓疾苦，深深地同情怜惜他们，知道百姓最想要什么，在县衙当礼曹书吏的经历，站在最基层官员的角度，对解决民生疾苦有较为真切看法，特别是官宦多年，更容易从孔孟思想中找到为民解忧的途径和方法并践行不懈。

　　四是客观上为苏州百姓做了大量的实事好事。政声人去后，民意笑谈中。当政者在位做得如何，百姓的感观最有发言权，他们说况钟为政："封章屡进无休歇，总是为民情节。蠲租减税起疲痊，百废俱兴无缺。"同是江西靖安人的舒化民[①]，清道光年间也曾任过苏州知府一职，此时已经离宣德年间几百年过去了，但他在苏州"至于遗爱循声，颂青天者偏于妇孺之口，到于今弗替。则非莅公布化之地不能知"。舒化民来了苏州之后才算真正知道了这个前辈老乡在苏州百姓心目中的位置。《明朝百年启示录》（江西师大教授方志远著）曾论周忱前任江南巡抚胡概施行的政策为"杀富济国"，江南势豪大户被他大力打压的很多，但百姓并没有受益。而况钟知民间疾苦，往往对现有的制度及不合理的地方进行改革，并把为民减负放在了非常重要的位置，客观上形成了受益的主要群体是百姓这一现象。其中表现出来的以个人个性为特征的"为民"情怀和强烈的担当作为意识，感动苏州城，传唱妇孺间，风声义烈，逾越百年。

　　以上对况钟的勤廉治政思想进行了一个简单概括。他的"循法抚民、植善安民、廉政得民"理念来自于对百姓水深火热生活的深切悲悯，来自于传统儒家知识分子的济世情怀，是儒家治世的一个成功案例。随着时间的流逝，他已成为中国传统文化的一部分，他的清廉为民、果敢担当、崇文尚德及奋发作为是后世从中汲取治世智慧与精神力量的源头之一。

---

① 舒化民：清道光年间苏州知府，江西靖安人，嘉庆十二年举人。《靖安县志》载，其勤于政事，两袖清风，声誉卓著，曾在苏州任上考绩最优。丁忧回家，在家乡曾续编《道光靖安县志》，现在还是研究靖安历史的重要史料。咸丰九年（1859年）归葬本县石上弯公尖北麓山上。

靖安县况钟纪念馆

　　靖安县况钟纪念馆从四个方面沿着况钟
六十年的生命足迹，讲述了他造福一方、清廉
一生的动人故事，已成为在全国有一定影响的
廉政教育场所

启示一

　　不拘一格选拔具有"况钟精神"的人才。况钟的一生是一部激人奋进的传奇。他从当时社会官场的鄙视链最底端做起，激励奋进，敏学渐悟。科贡、荐举、吏员"三途并举"的选拔模式让他有可能进入国家的精英管理团队，当时较为公平的公推用人方式又给了他脱颖而出走上重要岗位的契机。他给后世受用的不仅仅是其丰富的从政经历和极富个性的为人处事，更重要的是他真切的实干担当精神及刚正廉洁的从政品格，使他成为后世吏治的典范。明中期重臣王琼为此以况钟为例总结说："司衡者，要识拔真才而用之，甲未必优于科，科未必皆优于贡，而甲与科、贡之外，又未必无奇才异能之士。必试之以事，而后可见。"学历不等于才干，临事方知担当。

　　中国共产党历来高度重视选贤任能，始终把选人用人作为党和国家事业的关键性、根本性问题来抓，尤其重视优秀年轻干部的选拔培养。党的二十大报告就指出：健全培养选拔优秀年轻干部常态化工作机制，把到基层和艰苦地区锻炼成长作为年轻干部培养的重要途径。这就需要组织部门不拘一格选人才，大胆培养和使用基层一线表现突出的干部。习近平总书记指出，"选什么人就是风向标，就有什么样的干部作风，乃至就有什么样的党风"，因此，要打破用人上的种种偏颇认识和不当做法，不能单纯以资历、学历、文凭为标准，将选人用人标准简单化、模式化，更不能搞任人唯亲，要注意把在实践中富有担当、开拓创新、清正廉洁的优秀人才放在关键岗位，让他们有施展才华的天地。

"常格不破，大才难得"，要坚持中央所要求的"用好的作风选人，选作风好的人"的原则。坚持以党的事业和人民的利益为重，抛开个人的好恶，认真听取群众的意见，完善人才工作体制机制，规范选人用人的程序，重视考评手段的运用；注重在艰苦环境中培养和发现干部。要给干部交任务、压重担、出难题，强化实践导向，让他们在基层实践中明使命、转作风、强担当，在艰苦环境中历练才干、磨砺意志、锤炼品性，始终走与人民利益相一致的成长道路。注重在实绩中选人。好干部的标准有多方面，最关键的是有没有在本职岗位干出群众公认的业绩。要引导干部干字当头，力戒空谈，带动和形成实干的合力。对干出成绩的干部要打破身份、领域、条块等方面的限制，创造条件有序流动，使优秀人才充分涌现，保持干部队伍的生机与活力。

启示二

把"人民至上"永远镌刻在心里。况钟是一个对百姓抱有深切同情和关怀的封建社会官员，"为民之诚，溢于楮墨"。他在任内，做了大量惠及百姓的好事实事，所谓"惠流春雨"，德政广施，赢得了当地百姓延续几百年的真切怀念，有誉于前，追念于后。但他终究是一个封建社会体制下的官员，他对百姓的同情建立在他朴素的民本思想基础之上，在君君臣臣、父父子子的封建伦理关系下，他对百姓的关心是一种自上而下的俯视与施舍，他要维护的是当时的生产关系及既有的治理秩序。

自新中国成立起，党就把"全心全意为人民服务"作为根本宗旨并列入了党章，这是与一切旧历史、旧制度截然不同的崭新要求与崇高使命，更与满口"仁义道德"的旧儒家思想，与实质维护旧秩序、专制统治的封建制度有着质的不同。习近平总书记指出："不论过去、现在和将来，都要坚

持一切为了群众，一切依靠群众，从群众中来，到群众中去，把党的正确主张变为群众的自觉行动，把群众路线贯彻到治国理政全部活动之中。"这就要求党员干部思想上理应有更深的觉悟，更高的站位，践好以人民为中心的发展理念，始终把人民放在心中的最高位置，与人民心心相印，与人民同甘共苦，与人民团结奋斗，继承和创新况钟"视国事如家事，视民事如己事"的大局观和民生观，升华其悲悯世事的情怀，对百姓用真心怀真情。行动上，积极把握百姓的心声，回应人民的期盼，履行为民的使命担当。实现人民群众对美好生活的向往是每个党员干部更高更新的奋斗目标，就更有理由、更有必要深入群众，与群众面对面，同呼吸共命运，切实倾听好群众的呼声，充分吸收百姓的智慧，梳理并解决好群众的难处和社会的关切，把人民群众高兴不高兴、答应不答应作为检验工作成效的最高标准。效果上，要学习况钟亲民、恤民、为民、帮民、富民的民本理念，培养身体力行与百姓打成一片的踏实工作作风，体现况钟竭力为民鼓与呼的担当精神，不断创新发展思路，把饱含着的对百姓的真切感情化为一项项实实在在的工作业绩，不断实现百姓所盼望的更高层次的美好幸福。制度上，要虚心接受人民群众的批评与建议，实现权力透明运行，将权力运行置于人民群众监督的阳光下，对存在的人民群众不满意的问题不回避、不推诿，有则改之，无则加勉，把勤政为民落实在具体的程序正义和结果正义当中，使权力的阳光普照每个社会角落，实现社会的公平正义，让人民高高在上始终成为一种政治自觉、思想自觉、行动自觉。

启示三

　　把干事创业作为人生的第一追求。干事创业是实现广大人民群众对美好生活向往的最重要的先决条件。没有实干的成果，所谓的理想就是空中楼阁，只有对干事创业的不断追求，才能铺就通向胜利的鲜花大道。

集体参观况钟纪念馆并留影纪念

　　古人云："道虽迩，不行不至；事虽小，不为不成。"况钟的人生成就无非是把报国利民的事业作为了自己的第一追求。为了实现"报国一心"，他可以移孝作忠，抛家弃子，远离父母，做到"业业兢兢殚寸丹"；为解民众疾苦，回馈百姓期盼，他可以"三离三留"，十三年如一日；为了苏州的安定,他可以做到"靡暴弗驯，靡瘁弗煦，令行秋霜"。苏州百姓至今还在通过各种形式纪念况钟的历史功绩，就在于他做成了让当地百姓永志难忘的好事实事，许多年过去仍妇孺颂于口，代代相传。旧时代况钟能做到的，新时代的党员干部应同样能做到，甚至做得更好。党的二十大号召党员干部敢于担当、积极作为，就是希望各级干部能够把自己身上的责任扛起来，把精神振奋起来，一心一意干事创业，达到共产党人"发展有我、奋斗忘我、追求无我"

的崇高境界。

坐而论道不如起而行之。在实现中华民族伟大复兴的征程上，我们要坚决杜绝旁观者心态，凝聚起事业上强大的攻坚克难的合力，发扬况钟"勤"的精神和"干"的精神。子曰："不患无位，患所以立；不患莫己知，求为可知也。"要主动融入发展大局，谋思路，想办法，勤实干，学习况钟久久为功，善作善成，在自己的岗位上多一些奉献，少一些抱怨，多一些责任，少一些敷衍，以主人翁的姿态创新奋发、勇毅前行，以优秀的业绩感恩组织、感恩人民、感恩社会，人生的最大价值自然就能得到最好的呈现。

启示四

始终保持清正廉洁的工作作风。清正廉洁是党一贯倡导的优良传统和作风，是党员干部必须具备的优良品质，也是我们党强化自身建设的重要举措。

况钟以自身的刚正廉洁赢得了苏州百姓的衷心爱戴。他抓政风，疾恶如仇，有贪必惩；他抓民风，鼓励向善，以教化人；他抓家风，节俭为本，树德育人；他抓自身，生活朴素，严以律己，是开展党风廉政建设很好的历史教材。向历史先贤学习，就是要学习他们的高尚品质，学习先贤们"出淤泥而不染，濯清涟而不妖"的洁身自爱，学习他们"内不愧心，外不负俗，交不为利，仕不谋禄"的修身之道，学习他们"私义行则乱，公义行则治"的公平公正，学习他们"官不私亲，法不遗爱"的公私分明。

我们应当充分认识当前反腐败形势的严峻复杂，充分汲取正反两方面的历史教训，把党风廉政建设放到十分重要的位置来抓。党历来十分重视党风廉政建设和反腐败工作，党的十八大以来，相继出台了一系列法律法规，为开展党风廉政建设打下了坚实的基础。要进一步加强对党员干部的教育，提高他们对党风廉政建设和反腐败斗争的重要性认识，反腐败是一个涉及人心向背的重大政治问题，个人的廉洁自律与否是一个政治上是否合格的严肃命题。党员干部要不断增强党性锻炼，在思想上筑牢防腐堤坝，在政治上站稳脚跟；制度上不断强化监督制约，盯住关键人、关键岗位，改进监督办法，把平时监督与专项监督有效地结合起来，把个人监督与群众监督有效结合起来，把内部监督与外部监督有效结合起来，畅通监督渠道，提高监督效率，创新监督机制，提高监督的实效性；加大办案力度，保持反腐败的高压态势，有腐必除，有案必查，用反腐败的实际成果取信于民。

附

录

况太守年表

明太祖洪武十六年癸亥

　　八月初六日公生。

　　公父仲谦。公幼育于黄，从黄姓。

洪武十七年甲子至洪武二十三年庚午

　　公二岁至八岁。

　　母廖太恭人卒。

洪武二十四年辛未至洪武二十六年癸酉

　　公九岁至十一岁。

　　父续娶罗恭人。

洪武二十七年甲戌至洪武二十九年丙子

　　公十二岁至十四岁。

　　弟镛生。

洪武三十年丁丑

　　公十五岁。

洪武三十一年戊寅

　　公十六岁。

惠帝建文元年己卯

公十七岁。

建文二年庚辰

公十八岁。

娶熊恭人。

建文三年辛巳

公十九岁。

建文四年壬午

公二十岁。

成祖永乐元年癸未

公二十一岁。

长子宁生。

永乐二年甲申

公二十二岁。

永乐三年乙酉

公二十三岁。

永乐四年丙戌

公二十四岁。

第二子寰生。

公受知邑令俞益为礼曹掾。

永乐五年丁亥

公二十五岁。

永乐六年戊子

公二十六岁。

永乐七年己丑

公二十七岁。

永乐八年庚寅

公二十八岁。

续娶王宜人。

永乐九年辛卯

公二十九岁。

第三子宾生。

永乐十年壬辰

公三十岁。

永乐十一年癸巳

公三十一岁。

永乐十二年甲午

公三十二岁。

考满给由赴吏部授职。

永乐十三年乙未

公三十三岁。

礼部尚书吕震荐公,上召见于行在,授礼部仪制清吏司主事。

永乐十四年丙申

公三十四岁。

随驾还南京。

论册局火灾事。

永乐十五年丁酉

公三十五岁。

被选随驾北巡。

闻继母罗氏讣解任回籍丁忧。

永乐十六年戊戌

公三十六岁。

奉旨夺情起复，未行。值父仲谦卒，复请丁忧。

永乐十七年己亥

公三十七岁。

奉旨夺情起复，仍赴原任。

永乐十八年庚子

公三十八岁。

第四子宇生。

永乐十九年辛丑

公三十九岁。

上定都北京，公赞助朝贺祭告大典礼，钦受赏赉文绮。

永乐二十年壬寅

公四十岁。

永乐二十一年癸卯

公四十一岁。

考九载满例，升员外郎。奉旨超升仪制司郎中。

永乐二十二年甲辰

公四十二岁。

赞助大行丧礼。仁宗即位，赐金帛。

仁宗洪熙元年乙巳

公四十三岁。

诰封奉议大夫赠父如已官，母、妻封赠宜人。

被选从皇太子谒孝陵，镇抚南京。准归祭，未行，复随太子还北京。

宣宗宣德元年丙午

公四十四岁。

奉旨陪亲王谒孝陵。礼毕回籍，祭奠赐钞为祭费。

宣德二年丁未

公四十五岁。

回任。

宣德三年戊申

公四十六岁。

继娶舒宜人。

宣德四年己酉

公四十七岁。

上书请复况姓，允之。

随请给换复姓诰命，准给换，共五道。

宣德五年庚戌

公四十八岁。

特授苏州知府，赐敕书，赐钞，驰驿之任。

诛猾吏，劾贪官，请减浮粮及抛荒粮、积欠粮、远运粮，革抽船米，清军，共奏行二十一事。

冬，继母何氏卒于籍。

宣德六年辛亥

公四十九岁。

闻继母计解任丁忧回籍。

耆民三万余人乞夺情起复，奉旨准复任。

宣德七年壬子

公五十岁。

复任。

前请减浮粮、抛荒粮、远运粮，革抽船奏，俱准。

招回逃民，定夏税。

立勘合簿。

正婚葬。

共奏行十二事。水灾奏免粮二十九万石。

宣德八年癸丑

公五十一岁。

定济农仓，立义役仓，均徭役，戢武弁，共奏行十六事。

旱灾备谷赈济。

冬入觐。

宣德九年甲寅

公五十二岁。

上赐御制诗歌，赐宴，赐钞回任。

群鹤飞翔于府堂二次。

蝗漂入海流。

救旱灾。

宣德十年乙卯

公五十三岁。

第五子守生。

哀诏至，遣官进香。

七邑民人遵旨，列具公任内优异政绩上陈。

冬入觐。

英宗正统元年丙辰

公五十四岁。

上赐敕谕及钞回任。

复奏减粮额八十余万石。

正统二年丁巳

公五十五岁。

岁丰稔。

正统三年戊午

公五十六岁。

岁丰稔，以余谷贷淮阳。

正统四年己未

公五十七岁。

满九年任，遵例赴部候升。

士民告乞保留，奉旨留任吏部，奏升正三品署知府事。

正统五年庚申

公五十八岁。

上书请定正三品职俸，奉旨升按察使署知府事，赐钞复任。

首辅杨士奇再赋诗赠行。

正统六年辛酉

公五十九岁。

诰授中议大夫赞治尹。

奉旨亲履七邑查水利及预备仓谷。

正统七年壬戌

公六十岁。

十二月卒于任。奉旨赠正议大夫资治卿，赐钞归葬祀名宦祠，许建专祠。春秋官为致祭。靖邑祀乡贤祠、专祠，亦官致祭。子孙世续奉祀生。葬神州山。礼部侍郎王直志其墓。

主要参考文献

《习近平谈治国理政》

《况太守集》　吴奈夫、张道贵、丁凤麟校点

《况氏族谱》

《明史》　张廷玉

《明宣宗实录》

《明英宗实录》

《国朝献徵录》　焦竑

《明史稿》　万斯同、王鸿绪

《姑苏名贤小记》

《嘉靖吴江县志》

《嘉靖同里志》

《七十二峰足徵文集》　吴定璋

《皇明通纪》　陈建

《明史窃》　尹守衡

《苏州府志》　冯桂芬

《续文献通考》　嵇璜

《国榷》　谈迁

《正德姑苏志》

《崇祯吴县志》

《吴县志》

《康熙吴县志》

《乾隆苏州府志》

《乾隆吴县志》

《乾隆长洲县志》

《道光苏州府志》

《同治苏州府志》

《清朝姑苏采风类记》

《民国吴县志》

《民国乡志类稿》

《嘉靖常熟县志》

《嘉靖靖安县志》

《嘉靖太仓志》

《今献备遗》

《续藏书》　李贽

《九朝野记》　祝允明

《都公谈纂》　都穆

《吴中故语》　杨循吉

《掾曹名臣录》　王凝斋

《松陵文献》　史鉴

《吴郡文粹续集》　钱谷

《菽园杂记》　陆容

《况钟》　蒋星煜

《况钟治理苏州前后》　李木子

《况钟治苏的历史功绩》　陆咸

《剑桥中国明代史》　崔瑞德（英国）、牟复礼（美国）

《双崖文集》　周忱

《况钟与周忱》　吴晗

《况钟治政思想初探》　王仲

《功名起刀笔，萧曹自古是奇才》　龚汝富

写在后面的话

在中华民族几千年艰难与辉煌的历史中，总有一些人的名字被历史所铭记。这些人或力挽狂澜于既倒，或舍生取义，或为民请命，或立千年不朽德功、言功、事功。他们的思想与精神构成了中华传统文化的精粹，是我们这个民族生生不息的强大精神动力与文化支撑。

站在历史的新起点上，我们需要不断从历史的经验与教训中，汲取前人，超越前人，以更好的精神面貌与更富有创新性的智慧迎接新的挑战，去创造更加美好与幸福的生活。

况钟作为一个六百年前的历史人物，在他的身上所体现的地方治理思维以及他的勤政务实与廉洁自律，于今仍具有十分重要的现实意义。在大量的史志、地方志及文人笔记当中，许多人把他在苏州的十三年当作一个治理神话来看待，对他的言行及历史津津乐道。时间越往后，史料的这种倾向就越发明显。苏州百姓对他更是没齿难忘，把他当作苏州城隍庙的庙神之一。至清道光年间还"颂青天者偏于妇孺之口"，况公祠更是几经兴替，续建者不乏其人，这是一个历史罕见的现象。可以肯定地说，

况钟不是一个被当时正史所特别推崇的人物，他完全是受百姓推崇，在不断的百姓口碑累加、口口相传后反复比较所积淀出来的一个个性鲜明的历史人物，经历了时间和人心的考量。犹如我们搭积木或建房子，一层更比一层高，评价越来越好。

站在当今时代所处的角度，从地方治理切入，况钟相对其他历史上有名的循吏留下的资料更为完整也更为丰富。特别是大量细节性的描述，使我们更能充分了解他的从政风格及作为官员的勤廉事迹。作为历史上的一个标杆性人物，况钟为我们留下了可供借鉴学习的素材，是一个值得历史总结与学习的榜样。有的人认为他只是一个比较清廉的官员，也办了一些实事，与其他历史上的循吏基本没有什么区别，这是失之偏颇的。他首先是一个改革家，然后是一个实干家。他的改革措施非常多，涉及方方面面，有的甚至突破了朱元璋时期遗留下来的很多规矩，对明中期江南地区的行政治理影响很大，有的甚至影响到明后期。他在苏州十三年所做的实事好事，用不胜枚举来形容都不为过。对苏州这样一个当时的超大城市及众多县州的治理，如果没有让人心悦诚服的事实作为依据，想在后世留下不同以往的口碑也是不可想象的。苏州到明中后期的繁华昌盛可以说由况钟始，甚至文化教育都可以这么说；还有的人认为他的斗争性不强，恰恰相反，况钟是一个敢于斗争，更善于斗争的地方官员。当然况钟不是一个政治家，政治家的社会影响力与中下层官员的历史影响力无论如何也不在一个层面，但这正是况钟的可贵与伟大之处。他的斗争性体现在他从政时处理棘手现实问题上的不屈不挠，哪怕得罪一些利益集团也在所不惜，而不是在国家的运筹帷幄、大政方针上。他的专长在于解决实际问题，其中既有斗争，也有妥协。他用他的政治智慧与自己的治理成果，与历史上众多有名的政治人物站在了历史同一条评价线上，这本身就充分说明他的成功之处。更要强调的一点是，因为他一生近乎完美的自律与廉洁，使他的人格形象变得更为高大，使他在历史的站位中又迈向了更高层次。

　　他的"廉正朴诚"及表现出的所作所为，有历史记载的每一件大事小事，都是他由内而外的精神思想折射，是他从政勤廉思想在实践当中的运用，更是他独特个性的展示。这种个性展示是给人印象深刻甚至有戏剧化特质的，也是一以贯之的行为语言，是内在的坚持，通过文章、语言、办案、对人对事等表达出来，具有稳定性和感觉冲击力，易被人捕捉感知。所谓"诚于中而行于外，慧于心而秀于言"，而且这些特质往往表现得较同期其他官员更丰富、更显著。翻阅明史，考察他们的从政策略及方式，对比之下我们感受尤为强烈，这也是况钟的政德易于被人说道及铭记的地方。他在实践中的运用总能给百姓以温暖、给士子以力量、给社会以正气。蒋星煜先生说："一个封建社会的知府，在历史上，在文学艺术上，起了这样深远的影响，是罕见的。"这罕见的背后，一定有激动人心的故事和感人肺腑的历史逻辑，远不是仅有的几个人生的细节就可以概括，而是需要深入地挖掘，需要站在历史的高度、站在民心的角度进行比较才可以看出来。

　　在社会治理过程中，中下层官员是社会的中坚力量，起到承上启下的作用，是一个特殊的群体。历史决定了这个群体不可能像政治明星一样吸引人的眼球，赋予他们的职责只能是默默无闻地安抚与发展一方，展现自己的责任与担当。这个群体向上向下影响都很大，是整个社会四梁八柱的承重支点，也是廉政建设治理的重点及难点，他们手中有实权，外部约束力较薄弱，自身要求很高，社会治理任务重，推动发展压力大，矛盾焦点问题多。推崇况钟似的干才，推举出一大批有改革创新精神、有自我道德约束的人才，让他们做到权为民所用，情为民所系，利为民所谋，是我们这个社会每个成员所盼望的。从这个角度来看《勤廉话况钟》，探讨他精神上"朴素的为民情怀，务实的求真气度，坚韧的担当作为，清廉的从政信念"，思想上"循法抚民、植善安民，廉政得民"，对弘扬官场正气，树立正确的政德观，崇文尚德，引导领导干部明大德、守公德、严私德有着积极的现实意义。

　　作为勤廉教育读本，我们选取的史料当然是有选择性的。况钟是一个真

实的历史人物，他肯定有着一些缺点与错误，他的唯心思想及封建意识是那个时代不可避免的，在他身上也发生过调查研究不足而产生的错误，历史上清官所特有的"过苛"的毛病在他身上也有体现，甚至还有处理个人事务上的不妥当。但这些不足放在他人生的足迹当中，丝毫不影响他历史形象的高大，反而令他的历史人物形象更加丰满。更加客观地看待历史人物，也能使学习的人们更加以古鉴今，不再犯同样的错误。

一切历史都是当代史。现实总能在历史的折射中找到当年的影子，知古鉴今，读史明智，是我们战胜各种困难和挑战的垫脚石。记录和弘扬我们的先辈典范应当成为我们的一种文化与信仰，他超越个体又要寓于个体，不能因时光的流逝而淡漠，不能因数量的庞杂归入故纸堆而无人问津。要发挥况钟精神在锻造民族品格中润物无声的巨大作用，使之作为文化基因中不可或缺的一部分永远传承下去，常用常新。走进新时代，我们的党员干部有充分的自信、更高的胸怀、更优的品格学习先人，超越前人。我们应承先贤风范，继前辈政德，知况钟精神之要旨，始终牢记自己的誓言，不忘初心，始终坚持人民立场，把人民拥护不拥护、赞成不赞成、高兴不高兴、答应不答应作为衡量一切工作得失的根本标准，着力解决好人民最关心最直接最现实的利益问题，永远做好人民的勤务员，此为本书编写之应有之义也！

我们经过近一年时间的准备，在查阅大量史料的基础上，反复比较，参阅当代研究况钟的有代表性的文章或著作，在自认较为充分地把握况钟这个历史人物后，运用较为可信的事实作依据进行分析、判断，通过他的为人处事、治政思想、行政方式及性格特征，试图找出可以为当代勤廉建设所镜鉴的闪光点，并据此还原一个基本真实的勤廉况钟。他不虚无缥缈，是曾经的历史影记。希望看到这本小册子的读者能拉近时空距离，就如同回忆曾在身边生活的大德长辈一样，重温曾经的故事人文，缅怀曾经的精神气质。应当告诫我们的党员干部，任何时候都不要忘记人的精气神，这是实现人生价值和守好人生底线的最重要底气所在。

尽管自认做了较为充裕的准备，但由于在历史资料收集过程中难免有遗漏，时间也较为仓促，会有一些珍贵资料的缺失，加上作者水平的局限，因此一定会在编写过程中出现很多的缺点和不足。如果不介意，哪怕其中有一段甚至有一句能引起您的注意或触动，都是笔者莫大的荣幸。古人云："赠人以言，重于金石珠玉；劝人以言，美于黼黻（锦绣）文章；听人以言，乐于钟鼓琴瑟。"跨越时间和空间的精神交流并引发共情共鸣总是令人幸福愉悦的一件事，"良辰美景奈何天，赏心乐事谁家院"，这就是读书的妙处与自在。

最后，笔者衷心希望能得到专家与读者的指正，特别想看到和听到深刻中肯的意见，在此先行致谢！

编　者

2023 年 2 月 18 日于靖安字霖阁

白云深处的靖安县三爪仑乡集镇，仿若仙境般美丽（靖安县融媒体中心提供）

靖安县宝峰北河（摄影：范乐华）

靖安县罗湾水库（图片提供：靖安县融媒体中心）

图书在版编目（CIP）数据

勤廉话况钟 /《勤廉话况钟》编委会编 . -- 南昌：江西人民出版社, 2024.4
ISBN 978-7-210-15138-8

Ⅰ.①勤… Ⅱ.①勤… Ⅲ.①况钟（1383-1442）—生平事迹 Ⅳ.① K827=48

中国国家版本馆 CIP 数据核字（2024）第 030708 号

勤 廉 话 况 钟
QINLIAN HUA KUANGZHONG

《勤廉话况钟》编委会　编

责 任 编 辑：章　雷
书 籍 设 计：大　尉

 出版发行

地　　　　址：江西省南昌市三经路47号附1号（330006）
网　　　　址：www.jxpph.com
电 子 信 箱：120708658@qq.com
编辑部电话：0791-86898860
发行部电话：0791-86898815
承 印　　厂：江西省和平印务有限公司
经　　　销：各地新华书店

开　　　本：720毫米×1000毫米　1/16
印　　　张：12.25
字　　　数：160千字
版　　　次：2024年4月第1版
印　　　次：2024年4月第1次印刷
书　　　号：ISBN 978-7-210-15138-8
定　　　价：68.00元
赣版权登字-01-2024-108